LA CROIX

AVANT JÉSUS-CHRIST

PAR

M. L'ABBÉ ANSAULT

CHANOINE HONORAIRE DE LANGRES ET DE LORETTE
CURÉ DE SAINT-ÉLOI DE PARIS

OUVRAGE ACCOMPAGNÉ DE 400 GRAVURES EXÉCUTÉES

D'APRÈS LES MONUMENTS DE L'ANTIQUITÉ

PARIS

ANCIENNE MAISON RETAUX-BRAY

VICTOR RETAUX ET FILS, LIBRAIRES-ÉDITEURS

82, RUE BONAPARTE, 82

1894

LA CROIX

AVANT JÉSUS-CHRIST

PARIS

IMPRIMERIE D. DUMOULIN ET Cie

5, rue des Grands-Augustins, 5

LA CROIX

AVANT JÉSUS-CHRIST

PAR

M. L'ABBÉ ANSAULT

CHANOINE HONORAIRE DE LANGRES ET DE LORETTE

CURÉ DE SAINT-ÉLOI DE PARIS

OUVRAGE ACCOMPAGNÉ DE 400 GRAVURES EXÉCUTÉES

D'APRÈS LES MONUMENTS DE L'ANTIQUITÉ

PARIS

ANCIENNE MAISON RETAUX-BRAY

VICTOR RETAUX ET FILS, LIBRAIRES-ÉDITEURS

82, RUE BONAPARTE, 82

1894

INTRODUCTION

Les découvertes archéologiques faites depuis le commencement de ce siècle ont donné des résultats auxquels on était loin de s'attendre. Un grand nombre de monuments antiques rendus à la lumière sont marqués du signe de la croix. Qu'il s'agisse des scènes de la vie religieuse, civile ou militaire des anciens, la croix se retrouve presque partout.

C'est là une chose merveilleuse, et l'on s'est étonné que les catholiques n'aient pas encore songé à tirer parti de pareilles découvertes, en écrivant l'histoire de la croix avant Jésus-Christ ; puisque cette étude pourrait, ce semble, tourner à la gloire du christianisme et de l'Église.

« Sous beaucoup de rapports, dit la *Revue d'Édimbourg*, le thème est nouveau, car les écrivains ecclésiastiques aussi bien que les archéologues se sont contentés de faire quelques excursions sur ce vaste terrain, au moins dans les temps modernes ; on pourrait même dire qu'ils se sont arrêtés à la frontière, comme s'ils avaient voulu seulement satisfaire une curiosité d'un moment, en sorte que les recherches historiques commencées il y a plus de deux siècles sont restées sans résultat [1]. »

Cette remarque n'est pas sans fondement. A peine Mgr Gaume, dans le *Signe de la croix au dix-neuvième siècle*, a-t-il effleuré la question ; il est vrai qu'il l'a fait magistralement, de manière à mériter une lettre de félicitations du cardinal Altieri, préfet de la Congrégation de l'Index (7 août 1863).

« Une des plus puissantes prières, c'est le signe de la croix. Ainsi l'a cru le genre humain tout entier. Il ne l'a cru que pour l'avoir appris ; il n'a pu l'apprendre que de Dieu lui-même, de qui il a tout appris. Je dis le *genre humain tout entier*, et c'est à dessein.

1. *The Edinburg Review : The prechristian Cross.* January 1870.

Tes jeunes camarades croient peut-être que le signe de la croix
date du christianisme, ou du moins que l'usage en a été circonscrit
chez le peuple juif et chez le peuple catholique. Ma première lettre
te montrera quelle confiance mérite leur opinion... Mon cher Fré-
déric, tes oreilles, et celles de bien d'autres, vont tinter à la première
phrase de ma lettre : *Le signe de la croix remonte à l'origine du
monde*. Il a été fait par tous les peuples, même païens, dans les
prières solennelles, dans les occasions importantes où il s'agissait
d'obtenir quelque grâce décisive...

« *Pas plus que le souvenir de sa chute et l'espérance de sa
rédemption, l'homme n'a perdu la connaissance de l'instrument
rédempteur*. De là l'existence et la pratique, sous une forme ou sous
une autre, du signe de la croix, en priant, chez tous les peuples,
depuis l'origine des siècles jusqu'à nos jours [1]. »

Avant Mgr Gaume, Roselly de Lorgues avait déjà écrit : « Nous
n'ignorons point que l'idée de voir la croix en vénération chez les
païens, surtout antérieurement à Jésus-Christ, choquera violemment
certaines opinions dès longtemps reçues, avec lesquelles on vit en
sécurité, et qu'on a presque assimilées à nos dogmes, tant on les
répute conformes au véritable esprit de la tradition ; mais pourtant
ce que nous venons de dire — le culte de la croix dans le paganisme
— est la vérité. Nous n'argumentons pas, nous exposons impartia-
lement des faits, que d'ailleurs notre silence n'empêcherait point
d'exister ; et l'on sait que, dès qu'un fait subsiste, il s'impose avec
son inexorable manifestation et ses conséquences irresponsables.

« Remarquez cette distinction.

« Nous parlons de la croix, et non du crucifix, dont le poly-
théisme était indigne d'entrevoir l'idée. Providentiellement, le signe
de notre salut fut revêtu d'une si merveilleuse puissance, qu'il reçut
des hommages même en des lieux où régnaient les errements de
l'idolâtrie. Mais la croix semble, chez les païens, s'élever au-dessus
du paganisme : nous ne trouvons ni jurements, ni malédictions
solennelles, ni prostitutions religieuses, ni sacrifices de vierges,
d'enfants, ni égorgements de prisonniers ou de naufragés accomplis

---

1. *Le Signe de la croix au dix-neuvième siècle,* par Mgr Gaume, p. 107, 108, 145.

en son nom. Ce pacifique symbole domine les superstitions cruelles par un ordre d'idées supérieur, et représente, dans sa pureté inaltérable, la grandeur, l'infini, la surnaturalité, sans que le vulgaire soupçonne sa profondeur générique. Et la croix a été répandue partout, parce qu'elle est « la clef de la connaissance » de l'initiation immortelle, et qu'elle apparaîtra dans les cieux, au jour de l'expli-cation de ce monde. Toutes les nations la reconnaîtront aisément [1]. »

Le savant Bosio, dans le *Triomphe de la Croix*, avait signalé une sorte d'adoration de la croix chez les Égyptiens, environ deux mille ans avant Jésus-Christ. « Voici, dit-il, un autre hiéroglyphe égyptien, où l'on voit, non seulement la croix, mais en un sens l'adoration de la croix. Peut-être même les sacrements que le Christ Sauveur a institués par la vertu de son sang, et qui devaient être en vigueur dans la sainte Église catholique par le signe de la croix, y sont-ils préfigurés [2]. »

Gretzer, Juste Lipse, avaient parlé dans le même sens. Le poète Prudence, au quatrième siècle, avait chanté les gloires de la croix dans les temps anciens.

« Cette croix du Christ, que vous appelez une nouveauté, elle date de la naissance même du monde. A peine créé, l'homme en figura le signe. Il en fit l'alpha et l'oméga de l'alphabet primitif. De loin, la voix unanime des poètes inspirés salua son merveilleux avènement. Juges, rois, prophètes n'ont cessé, dans la paix, dans la guerre, dans les cérémonies du culte, sur les monuments, de reproduire l'image de la croix. La croix a été annoncée d'avance, la croix a été préfigurée, l'antiquité a été enivrée de la croix [3]. »

Néanmoins, l'histoire de la croix avant Jésus-Christ n'a pas encore été entreprise, et cette réserve des apologistes a pu éton-

---

1. *La Croix dans les deux Mondes*, par Roselly de Lorgues, chap. iv : *Du Signe du salut dans la gentilité*, p. 184-185.

2. Bosio, *Crux triumphans*, lib. V, cap. ix.

3. Crux ista Christi, quam novellam dicitis, | Reges, prophetæ, judicesque et principes,
Nascente mundo, factus ut primum est homo, | Virtute, bellis, cultibus sacris, stilo,
Expressa signis, expedita est litteris. | Formam crucis non destiterunt pingere.
Adventus ejus mille per miracula | Crux prænotata, crux adumbrata est prius,
Prænunciatus ore vatum consono. | Crucem vetusta combiberunt sæcula [*].

[*] Prudentius, *Peristephanon*, hymn. x, vers 621-630.

ner au premier abord. Car, si l'on parvenait à établir que la croix a été honorée, dans tous les temps, comme le premier, le plus universel, le plus ancien des symboles religieux ; qu'elle avait le sens de vie, de vie divine, de vie éternelle ; qu'elle était le signe du salut, l'hiéroglyphe de sauveur, le symbole de l'unité de Dieu, dans les premiers temps ; l'attribut commun de toutes les divinités, sous le règne du paganisme, il y aurait là un fait historique considérable, avec lequel il faudrait bien compter.

Qui nous dira par quelle génération spontanée l'idée de rendre un culte à la croix serait éclose dans le cerveau de l'humanité, sur toute la face de la terre, chez des peuples séparés par des déserts, des océans, les influences homicides des climats, et par des barrières morales plus infranchissables encore : la diversité des religions, la continuité des guerres, la jalousie des traditions nationales, en un mot, chez des peuples qui n'avaient de commun que leur origine ? Comment se seraient-ils tous accordés pour voir dans deux lignes qui se croisent le signe de la vie éternelle ? Cela ne paraît point naturel. Les peuples qui vivaient trois ou quatre mille ans, ou même cinq cents ou seulement deux cents ans avant le Calvaire, ne pouvaient pas soupçonner que la croix serait le salut du monde.

Ce sens de *vie,* de *salut,* de *sauveur,* attaché à la croix dans les siècles qui ont précédé Jésus-Christ, semble donc n'avoir d'autre source qu'une révélation surnaturelle. Si, en promettant un Rédempteur à nos premiers ancêtres, Dieu leur fit savoir que la croix serait l'instrument du salut, on s'expliquerait alors la confiance, la vénération, l'adoration même dont la croix fut l'objet. Elle aurait été la prophétie de la Rédemption dans les siècles qui ont précédé Jésus-Christ, comme elle en est aujourd'hui le mémorial. La croix serait devenue le crucifix. Élevée au sommet du Golgotha, elle éclairerait les deux versants de l'histoire.

Le plan de Dieu pour le salut de l'humanité, ainsi compris, apparaît dans une telle grandeur, avec une si majestueuse unité, et en même temps, il révèle une si miséricordieuse bonté, une providence si universelle, qu'on n'y peut penser sans une admiration attendrie. Le christianisme, qui, depuis le berceau du monde, n'aurait cessé de présenter la croix à la vénération des hommes, serait manifestement l'œuvre de Dieu.

« Nous bornant à exposer les faits, dit Roselly de Lorgues, nous ne voulons rigoureusement tirer aucune induction ; mais n'est-il pas remarquable que la croix, ce signe exprimant la plus haute élévation et le plus grand abaissement, ce symbole de salut, ait été mystérieusement portée sur tous les points du globe où domine le dogme immuable de la déchéance ? que partout l'image du salut ait été connue avant le salut, comme la promesse du Rédempteur avant la réparation ? N'est-il pas incompréhensible que ce signe ait joui du privilège de l'universalité ? Ne suffit-il pas de considérer les deux natures opposées de cet emblème, à la fois infâme et sublime, double comme l'arbre de la science, renfermant le bien et le mal, la douleur et l'immortalité, la mort et le salut, pour découvrir qu'il tient du surhumain ? Quant à nous, il nous paraît impossible qu'un homme raisonnable examine avec quelque attention la croix, même avant de connaître Jésus, sans pressentir que ce signe recèle une force miraculeusement concentrée de symbolique, une puissance au-dessus des combinaisons de la philosophie païenne ; disons le mot : une destination divine. Il n'y a donc plus ici d'option qu'entre l'absurde et le céleste... choisissez[1] ! »

Pour nous, ce n'est qu'une hypothèse, mais qui vaut la peine d'être vérifiée. Notre tâche se bornera à mettre sous les yeux du lecteur les monuments antiques qui portent des symboles cruciformes, avec le témoignage des archéologues.

Essayons d'abord d'expliquer le silence des apologistes catholiques.

I

Les éléments d'un pareil travail n'étaient pas prêts. Les innombrables monuments où apparaissent les signes qui ont la forme d'une croix, et que les archéologues appellent en effet des croix, n'ont été découverts que très récemment en Égypte, en Assyrie, en Phrygie, en Perse, dans la Troade, à Mycènes, en Phénicie, à Carthage, en Sardaigne, en Italie, en Gaule, dans la Grande-

---

1. *La Croix dans les deux Mondes,* par Roselly de Lorgues, p. 200.

Bretagne, dans les pays scandinaves, dans l'Amérique centrale, etc.

Il n'y a pas encore un siècle que l'expédition d'Égypte a réveillé les vieux souvenirs de la terre des pharaons. Je n'offenserai pas la mémoire de Monge et de ses collègues de l'Institut du Caire, en disant que la croix était le moindre de leurs soucis. Ce n'était pas pour aller relever la croix en Égypte, qu'on l'abattait en France. Si les mathématiciens qui accompagnaient Napoléon la remarquèrent sur les monuments, ils durent la prendre pour une figure insignifiante. Les pyramides, les hypogées, les temples, les sphinx, les dieux et les pharaons avec la croix à la main, ont donc gardé leur secret, que personne d'ailleurs ne songeait à leur demander : on les a crus muets, et hier encore on pouvait dire :

> Vingt siècles descendus dans l'éternelle nuit
> Y sont sans mouvement, sans lumière et sans bruit.

On sait aujourd'hui que la nuit n'était pas éternelle : l'aurore a lui. Champollion a déchiffré les hiéroglyphes, Mariette a déterré le grand Sphinx et bien d'autres merveilles. MM. Perrot et Chipiez ont consacré un volume de leur savant ouvrage : *l'Art dans l'antiquité*, à nous décrire minutieusement l'architecture funéraire, religieuse, civile et militaire de l'ancienne Égypte; ils nous ont dit où en étaient la sculpture, la peinture, les arts industriels au temps des pharaons. M. Maspéro vient de découvrir la momie de Ramsès II. Les quarante siècles qui nous contemplent du haut des pyramides ont enfin parlé, et ils commencent à nous révéler le sens attribué à la croix dans la vallée du Nil.

Plus long, plus obstiné encore que le silence de l'Égypte, fut le silence de la Chaldée. Ninive est une révélation des temps modernes. Il y a quelques années, on pouvait douter de son existence. Babylone n'avait pas complètement disparu, comme Ninive : elle était oubliée. Les prophètes avaient annoncé que Ninive et Babylone disparaîtraient de la terre, et le désert, fidèle exécuteur de la sentence divine, avait roulé sur les villes condamnées les flots silencieux de son linceul mouvant. Pendant plus de deux mille ans elles demeurèrent ensevelies sous l'anathème de l'oubli, et vous eussiez en vain cherché la place où furent ces orgueilleuses capitales de l'Orient. Les apôtres, les Pères de l'Église, n'eurent ni le temps ni la pensée d'aller faire à Koyoundjik ou au Birs-Nimroud des fouilles, qu'on eût peut-être d'ailleurs regardées comme sacrilèges. Les premiers coups de pioche donnés par Botta et Layard ne datent pas d'un demi-siècle. Il fallut des années pour exhumer les restes de ces palais et de ces temples; et, quand on y eut trouvé des tablettes couvertes d'inscriptions en caractères étranges, ce fut encore une œuvre de géant que d'apprendre à déchiffrer l'écriture cunéiforme, aussi mystérieuse que les hiéroglyphes égyptiens. Cette étude hérissée de difficultés est loin d'être achevée, puisque des textes importants sont traduits d'une manière contradictoire par les assyriologues les plus exercés ; et ce n'est pas demain que nous lirons couramment les bibliothèques de briques de la Chaldée.

Qui aurait pu soupçonner, il y a vingt ans, les découvertes archéologiques que Schliemann allait faire en Asie Mineure et dans la Grèce ? C'est en 1871 que furent commencées sur la colline d'Hissarlik, probablement l'ancienne Troie, ces fouilles qui nous ont rendu, avec ce qu'on regarde comme le trésor de Priam, des débris de vases et un grand nombre d'amulettes qui présentent la croix sous toutes les formes en usage aujourd'hui chez les nations de l'Europe.

Les fouilles de Mycènes, où l'on a recueilli, dans les tombeaux des Atrides, de nombreuses croix d'or avec des boutons d'or ornés de croix, sont encore plus récentes : elles datent de 1879.

La Gaule n'offre pas moins de vestiges de la croix préchrétienne ; mais on ne le sait que d'hier. Y a-t-il un demi-siècle que l'on a commencé à interroger les cimetières de la Champagne, les menhirs et les dolmens de l'Armorique, les ruines des temples druidiques des Pictons et des Carnutes ? C'est à peine si l'on a fini de classer toutes les « monnaies à la croix » découvertes par milliers dans les provinces du midi de la France.

Quant à l'Amérique centrale, il y a sans doute plus de trois siècles que les Espagnols, en abordant sur ces rivages inexplorés y virent une multitude de croix. Tous les historiens de la conquête en parlent. Seulement, on prit ces croix de Tlaloc pour des croix de

mission, érigées par l'apôtre saint Thomas, en souvenir de ses pré-
dications dans le Nouveau Monde! Et il n'en fut plus question.

Comment les apôtres, les Pères de l'Église, les apologistes du
dix-septième siècle et même ceux de la première moitié du nôtre,
auraient-ils pu appuyer leur démonstration évangélique sur des
monuments dont on ne soupçonnait pas l'existence?

Ils sont venus trop tôt dans un monde trop jeune.

II

Lorsque les apologistes chrétiens entendirent parler de ces précieuses découvertes archéologiques, elles étaient déjà aux mains des
incroyants, qui en faisaient une machine de guerre contre le christianisme.

M. Gabriel de Mortillet, l'un des premiers, dans le *Signe de la
croix avant le Christianisme*, avait ouvert le feu.

« Dès la plus tendre enfance, dit-il, on nous apprend que le signe
de la croix est le signe du chrétien. Sous l'influence de ce premier
enseignement, nous nous sommes tout naturellement accoutumés à
considérer comme chrétien tout ce qui porte une croix. Cette idée
s'est tellement généralisée, tellement imposée, qu'on a admis comme
un axiome, en archéologie, que la croix est un excellent criterium
pour reconnaître ce qui est postérieur au Christ, ce qui appartient à
l'ère actuelle.

« Pourtant ce criterium n'a aucune valeur. La croix, la vraie
croix, se trouve sur de nombreux objets bien antérieurs à la venue
de Jésus-Christ. Dès la plus haute antiquité, elle était employée
comme symbole, comme emblème religieux. C'est ce que je me
propose de démontrer. Mon intention n'est pas de faire de la polé-
mique religieuse. Je vais simplement chercher à bien établir une
intéressante vérité historique. »

Un protestant iconoclaste, M. Mourant Brock, de l'université
d'Oxford, publia un pamphlet intitulé : *la Croix païenne et chrétienne*, où il entreprend hardiment de prouver que l'Église a emprunté au paganisme le culte de la croix. Son livre commence ainsi:

« Le sujet de ce fragment est la *croix*, — la croix que nous sommes habitués, à tort ou à raison, à regarder comme un emblème *exclusivement* chrétien.

« En est-il ainsi?

« Nous sommes obligé de répondre négativement, et de dire que le premier possesseur en a été, non le christianisme, mais le paganisme.

« Les chrétiens participent seulement avec les païens à la *commune possession* de cet emblème. »

Ailleurs : « Nous sommes obligé de conclure que, si les chrétiens veulent porter la croix sur eux, la mettre dans leurs lieux consacrés et ailleurs, ils ne peuvent le faire qu'en communauté avec les païens passés et présents.

« Dans leur simplicité, la grande majorité des chrétiens supposent que les droits sur la croix leur appartiennent exclusivement, qu'elle est un emblème exclusivement chrétien, qu'en tant que signe sacré, elle ne tire sa sainteté que de leur religion, et qu'elle ne date que de l'ère chrétienne.

« Les faits que nous avons exposés réduisent à néant toutes ces vaines hypothèses.

« Si la croix a été adoptée par les chrétiens, elle l'était bien avant par les païens; si elle est sacrée pour les uns, elle l'est aussi pour les autres. Si elle est un talisman pour chasser le mal de la maison et de la personne du chrétien, les Gentils s'en servent pour le même objet, et je puis dire, avec le même succès.

« De tous les emblèmes religieux, la croix est vraisemblablement le plus ancien et le plus universel.

« Évidemment — mais nous ignorons pourquoi — la croix, comme les images, les amulettes, les fétiches, les pèlerinages et tous les autres développements des rites, est un de ces symboles qui marquent à travers les âges et les pays l'existence d'une religion universelle, pratiquée par tous les hommes, la religion de l'homme charnel, en d'autres termes, la religion de la nature, que nous appelons le paganisme.

« De même que nous avons abandonné cette religion pour entrer dans la communion de Christ, de même nous devons abandonner les signes de cette religion, que la nôtre ignore, et même qu'elle condamne.

« Croix, images, talismans, crucifix, tous les usages et les superstitions païennes où se plaisent les Gentils, laissons-les-leur ; de tout ce symbolisme ne gardons, ne défendons que ce qui convient « au culte en esprit et en vérité », à ceux qui servent Dieu dans l'Évangile de son Fils, Jésus-Christ Notre-Seigneur [1]. »

M. V. Duruy, dans son *Histoire des Romains*, a repris la thèse de MM. Mortillet et Mourant Brock, et l'a rendue plus menaçante encore en la revêtant d'un appareil scientifique.

« La croix, dit-il, même un caractère ressemblant à ce que fut plus tard le monogramme du Christ, était en usage, bien avant le christianisme, dans les livres, sur des monnaies qui couraient partout, sur des enseignes militaires et des monuments religieux. La croix *gammée*, qui voulait dire bénédiction et bon augure, était mise : par les Hindous, dans leurs plus anciens temples et sur des images du Bouddha; par les Gaulois, sur leurs tombeaux; et on la retrouve, dans les catacombes de Rome, sur le vêtement des prêtres qui y sont représentés.

« Sous la forme de la *croix ansée*, qui reproduit exactement le *chrisma*, elle signifie le salut, la vie éternelle, et elle était, aux mains des divinités égyptiènnes, l'attribut essentiel de leur puissance. Quand Théodose fit détruire le Sérapion d'Alexandrie, les chrétiens s'étonnèrent d'en trouver un grand nombre gravées sur la pierre. On la voit sur des monnaies de rois akhéménides et sur des monuments assyriens, où la croix à quatre branches, inscrite dans un cercle, est le symbole du « Dieu invincible », le soleil, qui darde en tous sens ses rayons. Au troisième siècle de notre ère, les Persans en mettaient l'image sur leurs étendards, et leur roi signait ses messages du titre de « Frère du Soleil ». Mille ans auparavant, dés rois assyriens, Samsi-Bin et Assur-Nasir-Habal, suspendaient à leur cou, comme le font nos évêques, une croix équilatérale, qui signifiait le Ciel et Dieu...

---

1. M. Mourant Brock, *la Croix païenne et chrétienne*, p. 60, 61.

« Au revers d'une monnaie de Gallien, Apollon tient un sceptre croisé. Les païens étaient donc très habitués à regarder la croix, en ses différentes formes, comme un symbole de victoire ou de puissance divine, surtout comme une représentation du soleil, alors leur grande divinité, et Constantin ne risqua point de soulever une émeute lorsqu'il utilisa cette équivoque, en plaçant sur son casque et sur les armes de ses soldats un signe que païens et chrétiens acceptaient sans trouble de conscience.

« Le mot *labarum* n'est ni latin ni grec ; il est chaldéen, venant de *labar*, qui, dans la langue assyrienne, avait le sens de durée, d'éternité. En prenant aux Orientaux le nom de son nouvel étendard, il est tout simple qu'il leur ait également pris le symbole de leur dieu, qui, on le verra bientôt, fut longtemps le sien. Le paganisme a donc fourni les principaux éléments du labarum et jusqu'à son nom [1]. »

Enfin, M. Hochard, dans le *Symbole de la croix*, publié dans la revue de la Faculté des lettres de Bordeaux, a prétendu que la croix ou le tau jouissait dans l'antiquité préchrétienne d'une telle faveur, étant regardée comme le signe du salut, qu'il n'est pas à croire qu'on en ait jamais fait un instrument de supplice. Les évangélistes, les apôtres et toute la tradition chrétienne auraient imaginé de dire que le Christ a été attaché à la croix, pour lui faire honneur, à cause de la vénération que l'on professait universellement pour le tau.

« Si l'on réfléchit au respect superstitieux que les Égyptiens, les Assyriens, les Perses, les Juifs, ainsi que nombre de Grecs et de Romains, avaient pour le *tau*, et aux faveurs qu'ils en attendaient ; si l'on songe qu'il figurait le sceptre de Jupiter, celui de Vénus, qu'il était l'attribut de Bacchus, de Cérès, de Diane et surtout de la Fortune, il semble peu probable que ce titre ait offert aux yeux l'image d'un ignoble instrument de supplice ; selon les idées anciennes, en effet, il n'aurait pu être, en un tel cas, qu'un objet de funeste augure.

« Il y a donc lieu de se demander si ce ne serait pas à tort que

1. V. Duruy, *Histoire des Romains*, t. VII, p. 39-42.

l'on aurait assimilé le sceau mystique adopté par les chrétiens, à une potence sur laquelle étaient attachés autrefois les criminels, et qui aurait servi au supplice de Jésus. »

Et il conclut : « Nous nous croyons donc fondé à penser qu'il n'est pas vraisemblable que la croix sur laquelle Jésus serait mort ait eu la forme qui depuis est devenue consacrée.

« ... Ce sont les légendes chrétiennes qui plus tard ont donné à l'instrument du supplice de Jésus la figure de l'emblème de la vie éternelle, du sceau de l'élection [1]. »

Il n'en fallait pas tant pour éveiller la défiance des écrivains catholiques, et pour leur rendre suspectes les découvertes archéologiques où la croix apparaissait comme signe de vie et de salut. Si l'on pouvait nier qu'elle eût jamais servi d'instrument de supplice, il n'était donc pas vrai que Jésus eût été crucifié; le culte de la croix n'était donc qu'un emprunt vaniteux fait par l'Église au paganisme, et l'Évangile s'écroulait, entraînant dans sa ruine tout le christianisme.

Vraiment, on est tenté de pardonner à ceux de nos apologistes qui, en entendant les rationalistes entonner ce chant de triomphe, ont pris le parti de nier l'existence des croix préchrétiennes et de dire : Ce que vous prenez pour le signe de la croix sur les monuments de l'antiquité n'est qu'une simple ornementation fantaisiste, sans aucune signification religieuse.

Oui, nous comprenons qu'on ait été jusqu'à cette extrémité de nier l'honneur et, comme disait Bosio, cette sorte d'adoration rendue à la croix, dans les siècles qui ont précédé Jésus-Christ. Ce n'est pas à dire pourtant que l'argument soit sans réplique. Nier un fait n'est pas le détruire. Il y avait peut-être une meilleure réponse à faire.

On accuse l'Église d'avoir emprunté la croix au paganisme. Prouvons que la croix n'était pas la propriété du paganisme, qu'elle existait longtemps avant l'idolâtrie, qu'elle était un symbole vénéré dans cette antique religion primitive dont le paganisme n'a été qu'une déformation; que, loin d'avoir inventé le culte de la croix,

---

1. Hochard, *le Symbole de la croix*, p. 145, 166.

le paganisme l'a plutôt amoindri, en le pratiquant sans trop savoir le plus souvent ce qu'il faisait, en l'associant au culte des faux dieux.

Nous nous contentons d'indiquer cette solution simplement, sans autre dessein que de justifier l'Église du reproche qu'on lui adresse d'avoir emprunté au paganisme le plus sacré de ses symboles religieux.

Les archéologues constatent l'existence de la croix comme signe religieux sur des vases, des tombeaux, des temples, des autels, des monuments de toutes sortes, pendant toute la durée du paganisme. Mais la croix apparaît déjà à plusieurs comme un symbole sacré, du temps de Noé et même sous les patriarches antédiluviens.

Pour remonter pas à pas le cours de ce grand fleuve de la tradition cruciale, dont l'origine, comme celle du Nil, semble enveloppée de brumes impénétrables, l'inscription de Rosette a servi de point de départ : moins de deux cents ans avant Jésus-Christ, la croix ✛ y apparaît avec le sens de sauveur.

Vers l'an 250, la croix figure sur des inscriptions du grand roi bouddhiste Açoka ; le signe sacré précède et suit ces belles sentences dont l'Évangile ne désavouerait pas la morale [1].

On trouve aussi la croix sur des poteries grecques datant de 500 à 700 avant Jésus-Christ [2].

Les croix des rois d'Assyrie Samsi-Voul, Assur-Nazir-Pal, Sennachérib, Téglath-Phalasar, ne nous reportent encore qu'à 800 ou 900 ans avant notre ère. Tout cela est relativement moderne.

C'est une antiquité de 1 000 à 1 200 ans que le docteur Schliemann attribue aux croix qu'il a découvertes à Mycènes, dans le tombeau des Atrides.

Les croix des *Sept chefs devant Thèbes* paraissent plus anciennes que celles des Agamemnon et des Ménélas.

Une peinture de Thèbes (Égypte), que l'on voit au Musée Britannique, présente la croix grecque au cou d'ambassadeurs asiatiques qui apportent un tribut au pharaon. Cette peinture date de

1. Album du musée de Saint-Germain.
2. Waring, *Ceramic Art*, 1874.

la XIXe dynastie, c'est-à-dire d'environ 1500 avant Jésus-Christ[1].

Plusieurs des croix trouvées par Henri Schliemann dans les ruines de Troie semblent remonter à l'âge de pierre [2].

On sait que, dans les fouilles faites en 1873, sur la colline d'Hissarlik, à une profondeur de sept à dix mètres, et qui ont rendu en partie à la lumière les ruines de la ville de Troie, le savant explorateur a découvert, près des restes d'un palais, un trésor, qu'il regarde comme celui du roi Priam. Dans ce trésor, rien qui rappelle l'usage du fer. On y a recueilli des haches de pierre, des ustensiles de cuivre, des débris de vases d'or et d'argent d'un travail merveilleux, mais déformés ou soudés ensemble par la violence d'un immense incendie ; une multitude de petits palladiums en terre cuite, des ornements de femme différant tout à fait de ceux qui furent plus tard en usage chez les Romains, les Grecs, les Assyriens ou les Égyptiens, et une quantité innombrable de poteries où sont figurées des croix : swastikas, croix grecques, croix latines. Nous sommes donc ici en présence des monuments d'une civilisation où l'usage du fer était encore inconnu. Et comme Homère, en décrivant les mœurs et les armes de ses guerriers, parle souvent du fer et du bronze, il est très probable que les croix contemporaines de ces instruments de cuivre, d'or et d'argent, de ces haches de pierre, sont d'une époque antérieure à la prise de Troie, soit peut-être de 1500 ou 1600 avant Jésus-Christ. « Quelques-uns des vases pélasgiques qui offrent ce signe (de la croix) remontent sans doute au delà du premier millénaire avant Jésus-Christ. Les objets qui ont été déterrés dans les couches inférieures de Hissarlik sont encore plus anciens. Ceux qu'on y a trouvés accusent une civilisation rudimentaire, qui a dû précéder d'assez longtemps la guerre de Troie. Par le récit de l'expédition du roi Ramsès II contre les Kéthites, en Syrie, qui nous est conservé dans un papyrus hiératique et dans les inscriptions murales des temples de Louqsor et de Karnak, on apprend que les habitants de la Troade

---

1. Mourant Brock, *la Croix païenne et chrétienne*, p. 4.
2. *Antiquités troyennes*, Rapport sur les fouilles de Troie.

prirent part à cette guerre, comme alliés des Kéthites; il est permis d'en conclure qu'ils avaient alors atteint un degré de civilisation plus avancé que celui qu'indiquent les trouvailles de Hissarlik. Le règne de Ramsès II appartient au quinzième siècle; nous sommes donc amenés au seizième ou dix-septième siècle [1]. »

Mais remontons toujours. Citons les écrivains d'après lesquels la croix était honorée comme symbole religieux longtemps avant la naissance de l'idolâtrie.

On lit dans la *Revue d'Édimbourg* : « Depuis les origines du paganisme organisé dans le monde oriental, jusqu'à l'établissement final du christianisme dans l'Occident, la croix fut, sans aucun doute, le plus commun et le plus sacré des monuments symboliques, et elle est encore aujourd'hui répandue d'une manière très remarquable dans la plupart des pays qui ignorent le mystère du Calvaire. Indépendamment de toutes les supériorités sociales ou intellectuelles, et malgré toutes les distinctions de caste, de couleur, de nationalité ou d'habitation, il semble qu'elle ait été, dans les deux hémisphères, comme la propriété aborigène de tous les peuples de l'antiquité, le lien ostensible, si je puis dire, qui réunit les communautés païennes les plus séparées les unes des autres, le signe le plus expressif de l'universelle fraternité humaine, le principal point de contact entre tous les systèmes de la mythologie païenne, le symbole vers lequel toutes les familles de l'humanité furent séparément mais irrésistiblement attirées, et qui exprime le plus énergiquement la communauté de leur origine. »

La *Revue* ajoute : « De toutes les variétés de croix qui sont encore employées comme emblèmes nationaux ou religieux dans notre pays et dans les autres États de l'Europe, et que l'on distingue par les noms bien connus de croix de Saint-Georges, croix de Saint-André, croix de Malte, croix grecques, croix latines, etc., il n'y en a aucune dont on ne puisse trouver l'origine dans l'antiquité la plus reculée [2]. »

---

1. Ludvig Müller, *l'Emploi et la signification dans l'antiquité du Signe dit la croix gammée*. Résumé, p. 102. Kobenhavn, 1877.

2. *The Edinburgh review. The prechristian Cross*, 1870.

Précisons. Que faut-il entendre par « cette antiquité la plus reculée » ? S'agirait-il des fils de Noé ? Les géants qui ont bâti la fameuse tour de Babel auraient-ils connu la croix ?

« Je suis à même de prouver maintenant, dit le docteur Schlie-

mann, que le signe 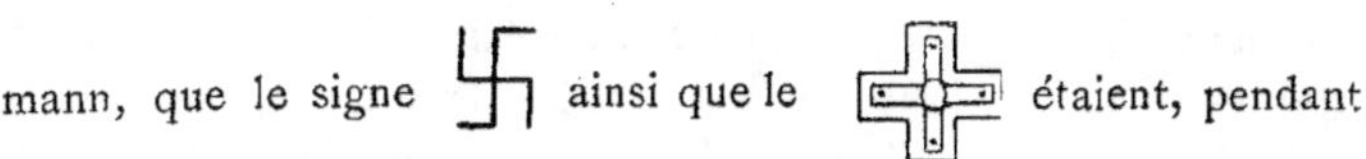 ainsi que le étaient, pendant

des milliers d'années avant Jésus-Christ, des symboles religieux de la plus haute importance chez les premiers ancêtres des races aryennes, en Bactriane et dans les vallées de l'Oxus, à l'époque où les Germains, les Indiens, les Pélasges, les Celtes, les Perses, les Slaves, les Iraniens, ne formaient qu'une seule nation et parlaient tous la même langue [1]. »

Si, comme le docteur Schliemann se croit en mesure de le prouver, la croix fut, pendant des milliers d'années avant Jésus-Christ, un symbole religieux de la plus haute importance, au temps où les hommes « ne formaient qu'une nation et parlaient tous la même langue », il est hors de doute que la croix était vénérée avant le déluge, puisque c'est seulement au lendemain de ce cataclysme universel qu'eurent lieu la confusion des langues et la dispersion des peuples.

Le docteur Phéné rend le même témoignage à l'antiquité de la croix. « La croix, dit le savant archéologue anglais, était un des plus vieux emblèmes usités chez les hommes préhistoriques ; et ce n'était point, cela est certain, un emblème secondaire et accidentel, mais un objet de profonde vénération. Nous le trouvons, avec le caractère bien marqué de symbole religieux, dans les quatre grands continents [2]. »

Et, comme exemple de cette antiquité préhistorique de la croix, le docteur cite le monument crucial de Callernish (île de Lewis, Hébrides), formé de rochers posés à une certaine distance les uns des autres, et qui ne mesure pas moins de 122 mètres.

« Oui, dit à son tour un autre savant anglais, le révérend

1. Schliemann, *Antiquités troyennes*. Rapport sur les fouilles de Troie, p. 48.
2. *Institute Victoria*, t. VIII, p. 338. *Prehistoric Customs*.

William Haslam, Noé connaissait la croix avant la dispersion des peuples et même avant le déluge[1]. »

« J'ai insinué, continue-t-il, que la première idée de la croix remonte au moment même où la Rédemption fut promise à l'homme. Je ne doute pas qu'elle ait été révélée en même temps que les prophéties, et transmise avec elles, dans sa forme matérielle, de génération en génération. Elle était dans la prophétie, comme elle l'est encore aujourd'hui, le signe extérieur d'un profond mystère intimement lié à une grande promesse. Elle était le gage de cette promesse même, et, à ce titre, quel que soit le sens que l'observateur y ait attaché, il paraît certain que, pour les initiés, elle était un symbole sacré de bénédiction et d'espérance. »

L'auteur de *la Croix et le Serpent* ajoute : « J'irai plus loin, je dirai qu'Adam a connu et vénéré la croix, et qu'il a reçu ce signe sacré des mains du Tout-Puissant. »

M. de Guignes croit avoir trouvé une tradition semblable dans les livres sacrés de la Chine.

Hoang-ty, le seigneur jaune, l'Adam chinois selon les uns, le troisième ou le quatrième patriarche selon les autres, savait que la croix serait l'instrument du salut. « Il joignit ensemble deux morceaux de bois, l'un droit, et l'autre en travers, afin d'honorer le Très-Haut, et, par là, il mérita de changer de nom et de s'appeler *Hien-yuen* [2], » c'est-à-dire Croix. Car « le bois formant traverse se nomme *Hien,* et celui qui est droit, nord-sud, s'appelle *Yuen* », d'après les commentateurs [3].

Quelques théologiens vont jusqu'à penser que c'est dans le paradis terrestre, sous les yeux d'Adam et d'Ève, à l'heure même de la chute, que Dieu choisit la croix comme l'instrument de la Rédemption. Ils citent ces paroles d'une hymne que l'Église chante au temps de la Passion.

« Le Créateur, pris de compassion pour la faute de nos premiers parents, précipités dans la mort pour avoir mangé le fruit

---

1. *The Cross and the Serpent : being a brief history of the triumph of the Cross through a long serie of ages,* by the Reverend William Haslam. Oxford and London, 1849, p. 89.

2. *Chou-king,* édition de M. de Guignes, p. 93.

3. *Annales de philosophie chrétienne,* t. XII, p. 458.

défendu, marqua lui-même, à cette heure solennelle, l'arbre (de la croix) pour réparer le mal causé par l'arbre (de la science du bien et du mal). Ainsi le réclamait l'ordre de notre salut : l'art divin devait déjouer l'art perfide du tentateur et tirer le remède de la blessure même [1]. »

« Selon les croyances de l'antique Égypte, dit M. Vigouroux,

Fig. 1. — Création de l'homme. Une déesse lui présente la Croix ansée, signe de vie.
(Vigouroux, *Dictionnaire de la Bible*, au mot Adam.)

Noum, Khnoum ou Khnoumis, le démiurge suprême, avait façonné l'homme avec de l'argile. Un bas-relief du temple de Denderah, qui pourrait presque servir d'illustration au texte de la Genèse, exprime très clairement cette croyance. A gauche, Khnoum, assis et les bras en avant, considère un enfant qu'il vient de fabriquer sur un tour à potier, et qui est debout et tourné à droite. De ce côté,

1. De parentis protoplasti   Hoc opus nostræ salutis
    Fraude Factor condolens,   Ordo depoposcerat :
    Quando pomi noxialis   Multiformis proditoris
    In necem morsu ruit;   Ars ut artem falleret;
    Ipse lignum tunc notavit,   Et medelam ferret inde
    Damna ligni ut solveret.   Hostis unde læserat.

une déesse agenouillée, Hégit, présente à ses narines une *croix ansée*, symbole de la vie [1]. » *(Fig. 1.)*

Faut-il ajouter que la mythologie grecque elle-même fait remonter la croix au berceau de l'humanité ?

Dans une peinture antique qui représente la naissance de Pandore, l'Ève des Grecs, la première femme, est placée entre Athéna et Héphaïstos. De la main gauche, le dieu forgeron tient encore le

Fig. 2. — Naissance de Pandore. Lenormant et de Witte, *Élite des monuments céramographiques.*

marteau qui lui a servi à façonner le corps de la vierge, et, de la main droite, il lui met un bandeau sur la tête. Pandore est tournée vers Athéna, qui lui attache sur les épaules un riche vêtement constellé de croix. *(Fig. 2.)* S'il en fallait croire les Hellènes, la croix aurait même devancé la création du monde : elle était déjà en honneur dans le ciel, lorsque Athéna, la Sagesse divine, sortit, par une sorte de génération virginale, du cerveau de Zeus, ainsi que le montre une merveilleuse peinture antique.

Le père des dieux, foudre et sceptre en main, est assis sur un

1. Vigouroux. *Dictionnaire de la Bible,* au mot ADAM, p. 178.

trône dont les bases sont deux croix ornées ; sa robe est parsemée
de croix. Déjà Héphaïstos a fendu le front du dieu, et Pallas
Athéna s'élance, tout armée, à la lumière. Devant Zeus est Illithye,
qui préside aux naissances ; sa tête est ornée d'un bandeau parsemé de croix. Derrière Zeus, Apollon joue de la lyre à sept cordes ; le devant de son manteau est orné de plusieurs croix. Viennent
ensuite Poséïdon et Héré. Poséïdon tient le trident ; la ceinture
d'Héré est décorée de croix grecques, et sa robe a une bordure

Fig. 3. — Naissance d'Athéna.
Peinture de vase, d'après les *Monumenti dell' Inst. archeol.*, III, tav. xliv.

de croix de Malte. Enfin, à gauche, Héphaïstos s'enfuit, comme
effrayé du coup qu'il a frappé ; la partie inférieure de son justaucorps porte sept croix. (*Fig. 3.*)

Sans doute, nous sommes ici en pleines légendes ; mais que ces
légendes sont belles ! et comme il faut que la tradition qui fait
remonter la croix à l'origine du monde ait poussé dans l'antiquité
de profondes racines, pour que, après avoir régné dans les temps
préhistoriques, traversé le déluge dans l'arche de Noé, suivi les
peuples dans leurs migrations après la séparation de Babel, éclairé
la civilisation des Égyptiens, des Chaldéens, des Assyriens, des
Chinois, des Gaulois, des Hindous, des Perses, etc., la tradition
cruciale s'épanouisse encore avec un tel éclat dans les fables mytho-
logiques de la Grèce !

Encore une fois, nous sommes loin de nous approprier ces interprétations. M. de Guignes a-t-il bien compris le *Chou-king* et les légendes chinoises? La brillante imagination des poètes n'a-t-elle pas trop ajouté aux antiques traditions? Faut-il se mettre en garde contre la piété, peut-être un peu enthousiaste, de certains interprètes de nos livres sacrés? Il nous est difficile de le dire. Ce que nous affirmons, c'est que les adversaires du christianisme auraient grand tort d'accuser l'Église d'avoir emprunté le culte de la croix au paganisme, si, comme le pensent de graves théologiens, ce culte avait déjà été entrevu de nos pères avant la naissance de l'idolâtrie, peut-être même avant le déluge, dans ces temps heureux où l'humanité recevait en germe, de la bouche de Dieu même, le dogme, la loi, les sacrements, ce que Lacordaire appelle « toute l'architecture du christianisme et toute l'organisation du salut ».

III

Enfin, une autre difficulté — et ce n'était pas la moins spécieuse — se dressait devant les apologistes catholiques. On disait que la croix avait été inconnue des Juifs, qu'on n'en trouvait pas trace dans leur histoire ni dans leurs cérémonies; que jamais la croix n'avait été pour eux un signe de vie et de salut, et que, nos livres saints contenant le dépôt intégral de la révélation divine, il était impossible de rencontrer dans la théologie des nations étrangères, une vérité religieuse dont la Bible n'aurait pas parlé.

Cette difficulté s'est évanouie. De graves théologiens ont répondu, d'abord, que le silence de la Bible, en admettant qu'elle ne parle pas du culte de la croix, ne prouverait rien : il y a dans les coutumes, dans les croyances religieuses, dans les livres sacrés des nations, beaucoup de vérités que les écrivains inspirés n'ont pas jugé à propos de consigner dans la Bible. Le culte de la croix pourrait être du nombre. Puis, textes en main, on a démontré que le peuple juif connaissait le signe de la croix et en a maintes fois, dans le cours de sa vie nationale, éprouvé l'efficacité mystérieuse.

Quelle que soit l'époque de l'apparition de l'homme sur la terre, qu'elle remonte à six mille ans, selon l'opinion vulgaire; à huit ou dix mille ans, comme la science semble l'établir, il est certain que la parole de Dieu à nos premiers ancêtres avait eu le temps de se répandre chez tous les peuples, lorsque Moïse commença à écrire la Bible, au temps de Sésostris, sous la dix-huitième dynastie, vers l'an 1600 avant Jésus-Christ. Il s'est écoulé au moins cinq à six mille ans entre la révélation primitive et le moment où l'auteur du *Pentateuque* prit la plume.

Pendant de longs siècles, l'humanité a donc vécu uniquement de cette révélation. La parole de Dieu, transmise oralement de génération en génération, avait semé dans les âmes des vérités dogmatiques, morales et sacramentelles, dont la connaissance n'échappait pas sans doute aux écrivains sacrés. Moïse les avait apprises par la tradition orale ou par les écrits des anciens, et il en a usé comme il l'a jugé à propos, sous l'inspiration divine, en écrivant la *Genèse*.

Les archéologues, les voyageurs et les missionnaires signalent en effet, dans la religion des anciens peuples, et même des sauvages modernes, des vérités dont nos livres saints ne parlent pas, ou qu'ils ne font qu'indiquer en passant.

Ne pourrait-on pas appliquer à la Bible ce que M. l'abbé de Broglie a dit de l'Évangile?

« Ce texte contient-il toute la religion, telle qu'elle existait à l'origine? N'y avait-il pas des points dogmatiques et autres confiés à la tradition orale, et qui n'ont point été mentionnés dans le texte inspiré? Tout indique que la doctrine entière n'a pas été confiée à l'écriture... Les livres eux-mêmes n'ont point la forme d'un caté-chisme ni d'une encyclopédie de la doctrine. Ils sont écrits, en diverses circonstances, pour répondre aux divers besoins de l'Église primitive. Ils font certainement allusion à un enseignement oral parallèle. Nous pouvons donc aux enseignements écrits, joindre, comme parties primitives et originales de la doctrine et de la liturgie, des enseignements traditionnels [1]. »

Ces judicieuses remarques à propos des livres du Nouveau

---

1. M. l'abbé de Broglie, *Problèmes et conclusions de l'histoire des religions*, p. 304.

Testament s'appliqueraient mieux encore, ce semble, au texte de l'Ancien ; car le dernier des Évangiles a été écrit moins de cent ans après avoir été parlé, tandis que la Bible n'est venue que cinq à six mille ans après la première révélation. Dans ces soixante siècles, pour instruire et sauver les hommes, la parole de Dieu n'a eu d'autre organe que la tradition.

« Plus haut que les œuvres du génie individuel, dit Mgr Bougaud, il y a les livres sacrés des nations : les Védas, le Zend-Avesta, le Râmâyana, le Mahâbharata, les livres de Bouddha. L'érudition moderne les étudie avec curiosité. Elle a raison ; et la foi ne doit craindre ni de la suivre dans cette étude, ni de partager son admiration. Ces livres sont sacrés, en effet. Ils ne ressemblent en rien à ceux dont nous venons de nommer les auteurs (Homère, Pindare, Eschyle, Platon, Virgile) ; et volontiers je mettrais au frontispice de chacun d'eux l'inscription d'Ash-Nagar : « Ces livres n'ont pas été composés par l'homme seul. »

« Là, en effet, sont les cris religieux de l'âme humaine, ses tristesses, ses espérances, ses prières, ses éternels gémissements ; mais là aussi, pour y répondre, sont de vraies paroles de Dieu. Là se voilent à peine, sous des paraphrases humaines, de manifestes lambeaux de la révélation primitive, de vivants échos de la révélation patriarcale et mosaïque. Là sont venus échouer, comme sur un rivage, et se fixer, après avoir roulé de génération en génération dans la mémoire des hommes, des mots dits certainement par Dieu aux premiers pères du genre humain. Toutes ces pages charrient des parcelles du diamant brisé, des fragments confus de la mélodie divine qui a retenti sur le berceau de l'homme. L'antiquité ne l'ignorait pas ; voilà pourquoi elle entourait ces livres d'un si religieux hommage. Que si des révélations prétendues se sont mêlées à ces vénérables débris, si l'humanité y a cru, c'est qu'il y en avait de vraies, et que la foi qu'elle avait en celle-ci l'avait préparée à accepter celle-là [1]. »

Nous serions tenté de dire de la tradition universelle, ce que Pic de la Mirandole, ce prodige de science et de génie, dit de la cabale

---

[1]. Mgr Bougaud, *le Christianisme et les temps présents*, t. I, p. 459.

des Juifs. « En lisant ces livres avec le plus grand soin et une application profonde, j'y ai trouvé une religion moins mosaïque que chrétienne; ici, le mystère de la Trinité; là, l'incarnation du Verbe; ailleurs, la divinité du Messie, le péché originel et son expiation par le Christ; la céleste Jérusalem, la chute des démons, les ordres des anges, le purgatoire, l'enfer. J'ai lu dans ces livres cabalistiques ce que je lis tous les jours dans Paul et dans Denis, dans Jérôme et dans Augustin [1]. »

Saint Augustin avait déjà dit : « Quoique les temps ne soient plus les mêmes, et qu'on ait annoncé autrefois comme futur le mystère de la Rédemption, qui est maintenant accompli, la foi n'a pas changé pour cela. Sans doute, avant la venue de Jésus-Christ, la vraie religion était pratiquée sous d'autres noms et par d'autres signes; elle était alors enseignée d'une manière plus voilée, et de nos jours elle est prêchée avec plus de clarté; cependant il n'y a jamais eu qu'une seule religion, qui a toujours été la même. Celle qu'on appelle aujourd'hui religion chrétienne existait chez les anciens, et n'a jamais fait défaut au genre humain, depuis le commencement du monde jusqu'à l'incarnation du Verbe. C'est alors que la vraie religion, qui existait auparavant, a commencé à être appelée religion chrétienne [2]. »

C'est dans son beau livre des *Rétractations* que saint Augustin parle ainsi. Avant de paraître devant Dieu, le vieil évêque, tremblant d'avoir commis quelque erreur ou quelque inexactitude dans l'exposé de la doctrine catholique, revient sur les écrits de toute sa vie, pour les examiner de nouveau scrupuleusement, et les corriger avec l'humilité d'un vrai savant et la conscience d'un saint. Il résume ainsi sa doctrine sur l'origine de la religion : « Le christianisme existe depuis le commencement du monde. »

Sans doute, ce fleuve de lumière sorti du Paradis terrestre s'est obscurci à mesure qu'il s'éloignait de la source; il a charrié dans son cours bien des légendes absurdes ou immorales, et dans certains pays, on ne parvenait plus guère à distinguer la parole de

---

1. Pic de la Mirandole, *Livre de la dignité de l'homme.*
2. Saint Augustin, *Rétractations*, livre I, chap. xiii, n° 3.

Dieu de la parole des hommes; mais enfin ce courant lumineux ne s'est pas éteint complètement, même dans les plus mauvais jours.

> Cum flueret lutulentus, erat quod tollere velles.

Ramassons quelques perles dans cette vase.

Voici ce que rapporte l'abbé Ancessi des croyances de l'antique Égypte :

« Nous allons rencontrer, dix siècles avant Moïse et plus tôt encore, à peu près tous nos dogmes et toutes nos espérances, dans la plus ancienne civilisation de l'univers. Nous verrons un peuple dont les origines lointaines sont aussi mystérieuses que les sources du fleuve qui arrose son riche territoire, un peuple loyal et sérieux, dont personne ne contestera les convictions ardentes, croire, dès les premiers jours de sa vie, au jugement de chacun à l'heure de sa mort, à l'éternité des peines, à l'éternel bonheur des élus, à la résurrection de la chair, à l'intervention d'un Rédempteur, sauveur et juge des âmes, en un mot, à presque tous les dogmes que professent aujourd'hui les nations chrétiennes en plein dix-neuvième siècle [1]. »

Plusieurs ont cru voir des vestiges de la croyance à la trinité divine dans les triades chinoises, égyptiennes, bouddhiques, assyriennes, persiques, phéniciennes, gauloises, grecques même et romaines.

D'autres ont été émerveillés de lire dans le *Choué-ven* que les anciens Chinois avaient coutume de s'aborder en disant : « Quand est-ce que l'Agneau viendra? — Est-ce que le serpent n'est pas caché ici [2]? »

Il semble à plusieurs qu'Eschyle n'ignorait pas la prophétie concernant la Vierge Mère du Libérateur attendu.

Zeus apparaîtra dans sa gloire à la fille d'Inachos. Ce n'est pas par le lien ordinaire des unions terrestres, mais par un geste de bénédiction, que leur hymen s'accomplira. Le Père des dieux posera

---

1. L'abbé Ancessi, *Job et l'Égypte*, Introduction, p. IV.

2. Prémare, *Vestiges des principaux dogmes chrétiens, tirés des anciens livres chinois*, p. 334, 335, 336.

sur le front d'Io une main caressante : un fils nommé Epaphos, « touché doucement », naîtra de cette conception virginale; ce fils sera l'ancêtre du libérateur qu'attend Prométhée.

Les *Suppliantes* en savent plus long que le Titan sur la naissance surnaturelle du Fils de la Vierge. Après avoir invoqué Io : « Chaste fille de Zeus, Vierge, défends des vierges, » elles s'adressent à Epaphos, qu'elles croient déjà venu : « Et toi qui naquis du souffle seul de Zeus, Epaphos, viens nous venger [1]. »

La résurrection des corps aussi aurait été connue des anciens.

M. Wosinsky, curé doyen d'Apar (Hongrie), a présenté au congrès scientifique international des catholiques (1891) un mémoire où il enseigne que la foi à la résurrection des morts était commune à tous les peuples du monde, dans l'âge de pierre. Le savant auteur en donne pour preuve l'attitude repliée des corps dans le tombeau, qui ressemble à celle de l'enfant dans le sein de sa mère.

« La coutume de replier les morts dans le sépulcre ne caractérise ni une race spéciale ni une certaine période de temps, elle est universelle et aussi ancienne que l'humanité. En Europe, elle s'est maintenue depuis la période paléolithique jusqu'à l'âge de fer.

« Mais quel est le sens de ce mode primitif d'ensevelissement, et comment expliquer qu'il soit répandu sur toute la face de la terre?

« La reproduction de telles coutumes à travers l'espace et le temps, dit M. Troyon, est d'autant plus frappante que nous n'avons point affaire à une de ces pratiques qui résultent tout naturellement d'instincts pareils, ou de ce que j'appellerai l'unité de l'esprit humain. C'est à cette dernière source qu'il faut attribuer, sans rapports divers et sans communication de peuple à peuple, l'identité des haches de pierre, des flèches de silex et de la plupart des produits de cette industrie de l'ancienne Europe et des populations sauvages. C'est encore à cette même cause qu'on doit rattacher l'usage funéraire, déjà répandu dans l'âge de pierre, d'étendre les membres du mort et de le coucher horizontalement dans le sol; mais donner au corps du défunt l'attitude du fœtus, le maintenir

---

1. Eschyle, *les Suppliantes*. Traduction d'Alexis Pierron, p. 314.

dans cette position avec des cordes, le déposer dans le sein de la
mère universelle du genre humain, attendre une naissance nouvelle
pour la résurrection du corps, tout cela ne dérive pas de l'instinct
de l'homme, mais provient de préoccupations d'un ordre plus élevé,
qui n'ont point surgi spontanément et d'une manière identique
chez les différentes races humaines.

« Si c'est, comme je le crois, un sentiment religieux qui a fait
naître cette coutume, c'est à coup sûr celui de la croyance à une vie
future et à une résurrection. L'attitude des morts accroupis est, en

Fig. 4. — Baptême d'Ahmos. (Maspero, *Archéologie égyptienne*, p. 3o9.)

effet, identique à celle de l'enfant au sein de la mère. C'est
M. Troyon qui, le premier, a démêlé ce symbole. « L'attitude
donnée aux corps humains, dit-il, devait être celle du fœtus dans le
sein de la mère. Si l'on tient compte, d'autre part, de ce que les
anciens peuples envisageaient la terre comme la mère universelle
du genre humain, on comprendra qu'on ait donné au défunt l'attitude du petit enfant qui rentre dans le sein de la mère du genre
humain, avec la foi à une vie à venir et à une nouvelle naissance. »
Lors d'un entretien qui eut lieu à ce propos entre MM. Troyon et
Schelling, le célèbre philosophe s'écria : « C'est plus que la foi à
une autre vie, c'est bien l'idée de la résurrection du corps ! »

Il n'y a pas jusqu'aux sacrements dont on ne pense avoir trouvé des vestiges, soit chez les peuples de l'antiquité, soit chez les sauvages modernes qui n'ont pas encore connu l'Évangile.

« Il est incontestable aujourd'hui, dit l'abbé Ancessi, que les Égyptiens pratiquèrent la circoncision bien avant Abraham. Le fait est prouvé par les monuments et par l'étude des momies.

« Outre la circoncision, il semble qu'au jour même où naissait un enfant, des ablutions étaient encore nécessaires pour laver la tache dont il était souillé.

« On le plongeait dans l'eau d'un bassin, où il recevait une sorte de baptême. Alors seulement disparaissait la mystérieuse souillure qu'il avait contractée en venant au monde [1]. » (*Fig. 4.*)

La confession était pratiquée comme le baptême. Virgile, qui est bien ici le maître de Dante, met dans les enfers un damné qui n'a pas voulu confesser ses péchés pendant sa vie, et que le juge punit par la honte d'une confession publique.

« C'est le Crétois Rhadamante qui gouverne ces royaumes de la douleur. Il punit les fautes, il en entend l'aveu, il force le coupable de confesser les péchés que, sur la terre, il s'était vainement flatté de dérober à la connaissance des hommes, et dont l'expiation tardive avait été devancée par la mort [2]. »

Chez les Gaulois, dit Pline, les druides, avant de couper le gui avec la faucille d'or, sur le chêne sacré, devaient offrir, pieds nus, le sacrifice du pain et du vin [3]. La communion au pain et au vin consacrés ou à la chair des victimes immolées faisait partie des sacrifices dans les religions antiques.

Plusieurs voient une cérémonie qui rappelle l'extrême-onction dans les onctions que l'on faisait avec un baume divin sur les membres des mourants. Cette opinion ne date pas d'hier, puisque Rabelais se moquait déjà des « honnêtes gens qui voient les sacrements de l'Église dans les *Métamorphoses* d'Ovide, et qui trouvent des imbéciles pour les croire ».

---

1. Ancessi, *Job et l'Égypte*, p. 256.

2. Gnossius hæc Rhadamantus habet duris-[sima regna,
Castigatque auditque dolos, subigitque fateri
    Quæ quis, apud superos, furto lætatus inani,
    Distulit in seram commissa piacula mortem.
       (Virgile, *Énéide*, liv. VI, v. 566-569).

3. Pline, *Histoire naturelle*, XXIV, n° 62.

Énée va mourir : Vénus supplie Jupiter de le recevoir au nombre des dieux. Le maître de l'Olympe daigne consentir. « Alors, transportée de joie, Vénus s'élance sur son char attelé de colombes et vole vers les champs de Laurente, où le Numicius, couronné de roseaux, se jette dans la mer. Elle lui ordonne de purifier Énée de tout ce qui en lui est sujet à la mort. Le fleuve obéit. Il asperge le héros, lui ôte tout ce qu'il y a de terrestre et de mortel en lui, et ne lui laisse que l'essence divine qu'il tenait de sa mère. Cette lustration accomplie, Vénus fait des onctions sur les membres de son fils avec un baume divin; elle dépose sur ses lèvres le nectar et l'ambroisie et fait de lui un dieu [1].

Le P. Deniau, de la Société de Marie, missionnaire aux îles Fidji, a remarqué chez ces insulaires de l'Océanie, dont l'évangélisation ne remonte pas plus haut que 1844, et qui jusqu'en 1877 demeurèrent polygames et anthropophages, des pratiques religieuses qui lui rappellent les sacrements de l'Église. « Il semble, dit-il, qu'on retrouve dans le paganisme fidjien les sept sacrements [2]. »

Si les missionnaires et les archéologues ont raison de voir dans la théologie des peuples anciens étrangers à Israël, aussi bien que dans celle des peuples modernes étrangers à l'Église, des vérités dogmatiques et des pratiques religieuses qui semblent les restes d'une première révélation, et dont la Bible ne parle pas ou ne parle que vaguement, on serait bien forcé de reconnaître que les livres saints ne contiennent pas le dépôt intégral de la révélation; et, même en admettant que la Bible ne dise rien du culte de la croix, on ne serait pas autorisé à conclure que ce culte n'a jamais existé.

Mais nous n'en sommes pas réduits là.

Des Pères de l'Église, de graves théologiens, des commentateurs estimés, de savants apologistes modernes, ont reconnu chez les Juifs l'usage de la croix, dans les prophéties, dans les bénédictions privées et publiques, dans la prière, dans les oblations et les

---

1. Lustratum genitrix divino corpus odore | Contigit os, fecitque deum.
Unxit, et ambrosia cum dulci nectare mixta | (Ovide, *Métamorphoses*, liv. XIV, v. 605-607.)
2. *Annales de la Propagation de la Foi*, janvier 1887.

sacrifices; on la regardait comme un signe de salut; elle entrait
dans la décoration du Temple de Jérusalem, etc.

« Toutes les prophéties des voyants d'Israël gravitaient, comme
les planètes, vers un centre commun, Jésus, le Soleil de justice. La
tradition de la Synagogue est parfaitement d'accord sur ce point
avec ce que nous enseigne l'Église : « Tous les prophètes, sans
exception, répètent les rabbins, n'ont prophétisé que pour les jours
du Messie. »

« En effet, tous les détails, et les moindres détails, de la naissance, des souffrances et de la mort du Sauveur du monde se trouvent également dans les deux Testaments, avec la différence que
l'un parle d'un fait accompli, tandis que l'autre offrait le récit d'un
événement à venir.

« Puisque l'œuvre de la Rédemption est l'unique fin de ces prophéties, la sainte croix, qui est à son tour la fin de toutes les souffrances, de toutes les humiliations du Roi de gloire; la croix qui
prime entre les autres instruments de la passion; la croix, en un
mot, qui est, selon l'expression du grand Bossuet, « l'abrégé de
l'Évangile, tout l'Évangile dans un seul signe et dans un seul caractère », doit avoir une large part dans les prédictions des hommes
inspirés parmi l'ancien peuple de Dieu. Et si, par impossible,
elle ne s'y trouvait pas, c'est bien d'elle qu'on pourrait dire qu'elle
se ferait remarquer d'autant plus qu'elle serait absente. En effet,
tout homme qui, remontant de l'histoire évangélique aux témoignages des livres saints qui l'ont précédée, y trouve clairement
désignés jusqu'au fouet qui rendit méconnaissable le plus beau des
enfants des hommes, les coups et les crachats qui couvrirent de
douleur et d'ignominie sa face adorable, le dé qui disposa de sa
tunique impartageable, les clous qui devaient traverser ses mains
et ses pieds, sans léser un seul de ses os, le fiel offert pour tout
restaurant, le vinaigre pour tout rafraîchissement, etc., etc., — cet
homme, dis-je, aurait lieu de s'étonner si, à côté de ces accessoires, nommément annoncés, il n'était pas fait une mention expresse
du principal instrument sur lequel tout fut consommé, de la sainte
croix, destinée à devenir le signe spécial du salut, l'étendard des

chrétiens, le sceptre du Christ revêtu de la suprême puissance dans le ciel et sur la terre.

« Telles sont les graves considérations qui engagèrent, au commencement de ce siècle, un pieux et savant prélat romain, Mgr Baldi, conservateur de la bibliothèque du Vatican, à faire des études sur le texte sacré, dans le but de reconnaître les prophéties concernant la sainte croix. Car, guidé par ce sentiment qui faisait répéter à Colomb imperturbablement : « Oui, il y a encore un monde entier au delà des mers, » il avait la conviction que ces prophéties existaient. Ses recherches eurent pour résultat un ouvrage fort remarquable, dont le but est de montrer que l'instrument de la mort du Rédempteur, la sainte croix, a été prédit sous le mot *kèn*, dans plusieurs endroits de l'Ancien Testament, où il signifie *tronc d'arbre* (l'arbre du salut), ce qui veut dire *croix*.

« Il est incontestable que ce mot, regardé en général comme une particule, est véritablement un substantif dans une foule de passages du texte de la Bible [1]. »

Niera-t-on maintenant, conclut Roselly de Lorgues, qu'en Juda il ait pu être question mystérieusement de la croix avant l'ère de Jésus-Christ ?

C'est en figurant le signe de la croix que Jacob bénit les enfants de Joseph.

Le vénérable patriarche allait mourir. Autour de lui étaient ses douze fils, chefs futurs des douze tribus d'Israël.

A la vue des deux fils de Joseph, il demanda : « Qui sont ceux-ci ? »

Joseph lui répondit : « Ce sont les deux enfants que Dieu m'a donnés en ce pays.

— Approche-les de moi, dit Jacob, afin que je les bénisse. »

Joseph mit Éphraïm à sa droite, c'est-à-dire à la gauche d'Israël, et Manassé à sa gauche, c'est-à-dire à la droite de son père, et il les approcha tous deux de Jacob,

Lequel, étendant sa main droite, la mit sur la tête d'Éphraïm,

---

1. Manuscrit du chevalier Drach, publié par Roselly de Lorgues, dans son ouvrage : *la Croix dans les deux Mondes*, p. 197-200.

qui était le plus jeune, et mit la main gauche sur la tête de Manassé, qui était l'aîné, croisant ainsi ses deux mains.

Mais Joseph, prenant la main droite de son père, essaya de la lever de dessus la tête d'Éphraïm, pour la mettre sur la tête de Manassé,

En disant à Jacob : « Vos mains ne sont pas bien, mon père, car celui-ci est l'aîné; mettez votre main droite sur sa tête. »

Mais, refusant de le faire, le saint patriarche lui dit : « Je le sais, mon fils, je le sais. »

Jacob les bénit alors et dit : « Israël sera béni en vous, et on dira : Que Dieu vous bénisse comme Éphraïm et Manassé [1]. »

Pour donner à ses petits-fils la grande bénédiction patriarcale, Jacob disposa donc ses bras en croix.

C'est la pensée de saint Jean de Damas : « Jacob, dit-il, croisant les mains pour bénir les enfants de Joseph, forme le signe de la croix; rien n'est plus évident [2]. »

Dès les temps apostoliques, Tertullien parlait dans le même sens. « L'Ancien Testament, dit-il, nous montre Jacob bénissant les fils de Joseph, la main gauche posée sur la tête de celui qui était à droite, et la main droite sur la tête de celui qui était à gauche. Dans cette position, elles formaient la croix et annonçaient les bénédictions dont le Sauveur crucifié devait être la source [3]. »

Saint François d'Assise bénit ses religieux en faisant la croix de Jacob. « Sentant que la fin de son pèlerinage approchait, dit le P. de Chérencé, il réunit ses disciples autour de sa couche dans la salle du palais épiscopal, et, à l'exemple de Jacob, il étend ses bras l'un sur l'autre en forme de croix, pour bénir tous les fils de son amour [4]. »

Jacob montra encore sa vénération pour la croix dans une autre circonstance digne d'être rappelée.

Saint Paul, célébrant dans son *Épître aux Hébreux* les mérites

---

1. *Genèse*, chap. XLVIII.
2. *De la foi orthodoxe*, liv. IV, chap. XII.
3. Tertullien, *Du Baptême*, chap. VIII.
4. *Vie de saint François d'Assise*, par le P. de Chérencé.

des patriarches et des prophètes, loue deux choses mémorables entre toutes dans la vie de Jacob, parce que là, dit l'apôtre, éclate un admirable esprit de foi : *C'est par la foi que Jacob bénit les deux enfants de Joseph et adora le sommet de son sceptre.*

Les Pères de l'Église nous ont dit que le saint patriarche, en croisant les mains pour bénir ses petits-fils, avait en vue les béné-

Fig. 5. — Ammon, Mout et Khons, dieux de Thèbes. D'après Wilkinson.

Fig. 6. — *Description de l'Égypte.* (*Antiquités,* volume I, pl. 95, n° 8.)

dictions qui devaient découler de la croix du Sauveur. Dans cette circonstance, sa foi est manifeste. Mais comment Jacob montre-t-il le même esprit de foi en adorant le sommet du sceptre de Joseph ? Qu'y avait-il donc au sommet de ce sceptre ?

M. le chanoine Maunoury, dans son savant *Commentaire sur les Épîtres de saint Paul,* pense que le sceptre de Joseph devait être, comme celui de plusieurs pharaons et de plusieurs dieux, terminé par une croix. (*Fig. 5.*)

A l'origine, le sceptre était un long bâton semblable au bois d'une lance, et les rois s'y appuyaient, comme font nos évêques,

lorsqu'ils s'avancent dans les cérémonies avec leur bâton pastoral.
La partie supérieure du sceptre recevait ordinairement un emblème,
qui variait selon les lieux, les mœurs et la dignité des personnages.
Aujourd'hui encore, en diverses contrées de l'Afrique, les chefs des
familles puissantes ont des bâtons de commandement distingués
par des ornements divers : ce sont des espèces d'armoiries [1].

La croix était un de ces ornements hiératiques. Sur de vieux
papyrus trouvés dans un hypogée de Thèbes, on a remarqué
des sceptres formés d'une longue tige dont l'extrémité supérieure, coupée par une branche transversale, forme la croix [2].

Le chef ou le dieu auquel on adressait une prière avançait son sceptre, et le tenait droit devant le suppliant ; celui-ci, ordinairement debout, étendait les mains vers le haut du sceptre. Ce rite est exactement rendu dans une peinture où

Fig. 7. — Auguste faisant des offrandes à Horus.
(Rosellini)

l'empereur Auguste est représenté faisant des offrandes à Horus :
le dieu, le bras étendu, avance son sceptre d'une manière expressive, tandis qu'il tient la croix ansée de la main gauche [3]. (*Fig.* 7.)

Dans la scène racontée par Moïse, et à laquelle saint Paul fait
allusion, le gouverneur de l'Égypte dut présenter son sceptre, selon
l'usage ; et tout porte à croire que le patriarche, dans un élan de
foi, se jeta à genoux, en tendant les mains vers la croix qui couronnait le sceptre de son fils.

Il est vrai que le sceptre des rois et des magistrats égyptiens
n'était pas toujours terminé par une croix. Quelquefois la croix y

1. *Les Missions catholiques*, 13 décembre 1838.
2. *Description de l'Égypte. Antiquités*, t. II, pl. 64.
3. Champollion, *Égypte ancienne*, pl. 15, 91.

était attachée vers le sommet [1]. (*Fig.* 6 et *fig.* 8.) On y voyait aussi une fleur de lotus, une tête d'ibis ou la figure de quelque divinité. Mais comment supposer que le sceptre de Joseph, ce fidèle serviteur de Dieu, fût déshonoré par un emblème idolâtrique? D'un autre côté, s'il n'eût porté qu'une simple fleur de lotus ou une tête d'ibis, comment saint Paul aurait-il fait un mérite à Jacob d'adorer ces divers symboles? Comment aurait-il pu voir là une manifestation de foi admirable et digne d'être célébrée devant toute l'Église? Non! si l'Apôtre loue la foi du patriarche, c'est parce qu'Israël adora la croix qui brillait au sommet du sceptre de Joseph, comme sur celui des pharaons; à ses yeux éclairés d'une lumière prophétique, cette croix était le mystérieux symbole de la croix du Calvaire, sceptre sanglant qui devait sauver, gouverner et, à la fin des temps, juger le monde [2].

Moïse prie en figurant la croix comme Jacob. Pour bénir ses petits-fils, le vieux patriarche avait formé avec ses bras une croix de Saint-André, ✕ ; le prophète a, sur la montagne, les bras largement ouverts, comme le Sauveur du monde au Calvaire.

Nous lisons dans l'*Exode* :

Fig. 8. — Dieu Canope avec un sceptre en croix. (Bosio. *Crux triumphans.*)

« Amalec étant venu à Raphidim, pour combattre contre Israël, Moïse dit à Josué : Choisis des hommes de cœur et va livrer bataille à Amalec; puis, avec Aaron et Hur, il monta sur la colline.

« Et lorsque Moïse élevait les mains, Israël était victorieux, mais s'il les abaissait un instant, Amalec avait l'avantage.

« Cependant les bras du prophète tombaient de lassitude ; c'est pourquoi il s'assit, et Aaron et Hur lui soutinrent les mains jusqu'au coucher du soleil.

1. *Description de l'Égypte. Antiquités*, t. I, pl. 95.
2. Voir le *Commentaire sur les Épîtres de saint Paul*, par M. Maunoury, chanoine de Séez; t. IV. Dissertation sur le texte de saint Paul : *Adoravit fastigium virgæ ejus.*

« Josué mit en fuite Amalec, et remporta une victoire complète [1]. »

Dans cette mémorable bataille, Moïse prie les bras étendus, il
se fait croix vivante. Le secret de sa victoire n'est-il pas là ? Ce n'est
pas une vaine supposition, dit Mgr Gaume. Écoutez les Pères de
l'Église. « Amalec, s'écrie saint Jean de Damas, ce sont ces mains
étendues en croix qui t'ont vaincu [2]. »

Et Tertullien : « Pourquoi Moïse, au moment où Josué va combattre Amalec, fait-il ce qu'il n'a jamais fait, priant les mains étendues ? Dans une circonstance si décisive, n'aurait-il pas dû, pour
donner plus d'efficacité à sa prière, fléchir les genoux, se frapper la
poitrine et se prosterner le front dans la poussière ? Rien de tout
cela. Pourquoi ? Parce que le combat du Seigneur, qui se livrait
contre Amalec, préfigurait les batailles du Verbe incarné contre Sa-
tan, et c'est par la croix que Jésus devait remporter la victoire [3]. »

Et le philosophe martyr saint Justin, qui touche aux apôtres :
« Moïse, les mains étendues, restant sur la montagne jusqu'au
coucher du soleil, soutenu par Aaron et Hur, qu'est-il autre chose
que la figure de la croix [4] ? »

Gage d'efficacité dans la prière, la croix était encore, aux yeux
des Israélites, le signe du salut : témoin la *croix de sang* de Moïse
et le *tau* d'Ézéchiel.

Pour décider le pharaon à laisser les Hébreux sortir de la terre
de servitude,

« Dieu dit à Moïse et à Aaron : « Parlez à toute l'assemblée des
enfants d'Israël et dites-leur : Au dixième jour de ce mois, chacun
prendra un agneau pour sa famille et pour sa maison.

« Vous le garderez jusqu'au quatorzième jour de ce même mois,
et toute la multitude des enfants d'Israël l'immolera au soir.

« Ils prendront de son sang et ils en marqueront les deux
poteaux et le linteau de leur porte.

« Et cette nuit même ils en mangeront la chair rôtie au feu.

1. *Exode*, chap. xvii.
2. *De la foi orthodoxe*, liv. IV, chap. xii.
3. Tertullien, *Contre Marcion*, nᵒ iii.
4. Saint Justin, *Dialogue avec Tryphon*, nᵒ 666.

« Et je passerai dans la nuit ; je frapperai tous les premiers-nés, depuis l'homme jusqu'aux animaux, et j'exercerai mes jugements sur tous les dieux de l'Égypte, moi Jéhovah.

« Et ce sang sera le signe qui me fera connaître les maisons où vous demeurez ; je verrai ce sang, et je passerai outre, et la plaie de mort ne vous touchera point [1]. »

Or, cette même nuit, le palais du pharaon retentit d'une clameur à laquelle se mêlèrent bientôt les cris de désespoir de toute la ville et des campagnes de l'Égypte. Depuis l'héritier du trône jusqu'au fils de l'esclave, tous les premiers-nés des familles égyptiennes furent frappés de mort par le Seigneur ; chaque maison sur le sol de Mesraïm eut un deuil cruel à pleurer. L'ange exterminateur n'épargna que les maisons sauvegardées par la croix de sang.

Les poteaux et le bois traversier, teints du sang de l'agneau, en se croisant, figurent, en effet, deux fois l'instrument de la Rédemption.

« C'est bien une croix, dit saint Jérôme, qui marquait les poteaux et le linteau des portes des maisons, en Égypte, lorsque, tous les Égyptiens étant frappés, Israël seul fut épargné [2], » indiquant ainsi, ajoute Corneille de la Pierre, que le sang mis sur la porte figurait la croix.

Le solitaire de Bethléem, si versé dans tout ce qui concerne les antiquités hébraïques, fait de nouveau allusion au signe du salut, dans une de ses lettres à Démétriade : « Ne manquez pas, dit-il à la vierge chrétienne, de faire souvent le signe de la croix sur votre front, pour ne pas donner prise à l'exterminateur de l'Égypte [3]. »

Serait-ce en souvenir du passage de l'ange épargnant les maisons marquées de la croix de sang, que

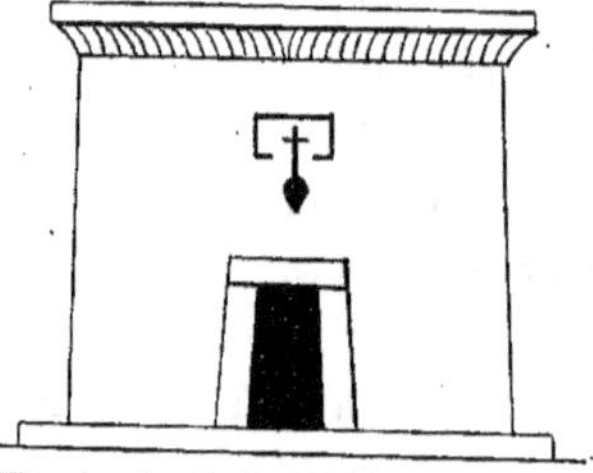

Fig. 9. — La Bonne Maison. (Wilkinson, *Manners and Customs of the Egyptians*.)

les Égyptiens, pour appeler la bénédiction du Ciel sur une mai-

1. *Exode*, chap. xii.
2. Saint Jérôme, sur Isaïe, chap. lxvi.
3. Saint Jérôme. Lettre 97, à Démétriade.

son, traçaient au-dessus de la porte principale une croix sortant d'un cœur? Wilkinson en signale plusieurs à Thèbes et à Memphis, qu'il appelle, selon la tradition du pays, *de bonnes maisons*, des maisons bénies [1]. (*Fig.* 9.)

Mille ans après Moïse, dans Ézéchiel, l'envoyé de Dieu trace le signe de la croix sur le front des justes, qui seuls doivent être épargnés dans l'extermination des habitants de Jérusalem.

« Et la gloirė de Dieu qui reposait au-dessus des chérubins descendit, et elle appela celui qui était vêtu d'une robe de fin lin, et qui portait à la ceinture une écritoire de scribe.

« Et Dieu lui dit : Passe dans les rues et les places de Jérusalem, et marque du tau le front de ceux qui pleurent et gémissent sur les abominations d'Israël...

« Mais ne tuez aucun de ceux sur le front desquels vous verrez le tau [2]. »

L'hébreu, suivi par les Septante, porte seulement : « Mets le *signe* sur leurs fronts. »

Le texte de la Vulgate, plus explicite, dit : « Fais le signe du tau sur leurs fronts. » *Signa thau super frontes virorum.* Les *codices Syri,* au lieu de : Fais le signe du tau », ont : « Fais le signe de la croix » : *Signa crucem.*

« Des anciennes lettres hébraïques dont se servent encore aujourd'hui les Samaritains, dit saint Jérôme, la dernière, le *tau,* a la forme de la croix +; c'est elle qui est figurée sur le front des chrétiens et ordinairement imprimée sur leurs mains [3]. »

Tertullien avait déjà dit : « Il a été prédit que, non seulement

1. Gardner Wilkinson, *Ancient Egyptians,* vol. I, p. 7.

2. Ézéchiel, ix.

3. Saint Jérôme, cité par Denis Pétau, *De theologicis dogmatibus,* t. V, I. XV, c. vii. Dans les caractères samaritains, qui sont les mêmes que ceux de l'hébreu ancien, employés par les Israélites depuis le Sinaï jusqu'à la captivité de Babylone, le tau avait la forme d'une croix. Au retour de l'exil, les Juifs, tout en conservant leur ancienne langue, adoptèrent pour l'écrire les caractères chaldéens, avec lesquels ils s'étaient familiarisés à Babylone. Le tau chaldéen n'a pas la même forme que le tau primitif des Hébreux, encore en usage au temps où Ézéchiel écrivait. Chez la plupart des peuples anciens, en particulier dans les alphabets étrusque, copte, éthiopien, sanscrit, irlandais, teuton et grec, le *tau* affecte les diverses figures de la croix, +, X, T. Encore aujourd'hui, la croix, sous ces deux formes antiques : X, T, se retrouve dans l'écriture de toutes les nations.

les apôtres, mais tous les fidèles subiraient la même humiliation
que Jésus, et seraient marqués du signe dont avait parlé Ézéchiel
en ces termes : « Le Seigneur me dit : Traverse les rues de Jérusalem et mets le signe du *tau* sur le front des hommes. » Il ajoute :
« Cette même lettre des Grecs, le *tau*, est une sorte de croix qui
nous est propre et qu'on verra sur nos fronts dans la vraie et universelle Jérusalem [1]. »

Une grande solennité chez les Hébreux, c'était l'anniversaire
du jour où ils avaient reçu la Loi sur le mont Sinaï. On célébrait
en même temps la fête des « Prémices ».

> Sitôt que de ce jour
> La trompette sacrée annonçait le retour,
> Du temple orné partout de festons magnifiques,
> Le peuple saint en foule inondait les portiques ;
> Et tous, devant l'autel avec ordre introduits,
> De leurs champs dans leurs mains portant les nouveaux fruits,
> Au Dieu de l'univers consacraient ces prémices.

*Si vous présentez au Seigneur une oblation des prémices de vos
grains, des épis qui sont encore verts,* dit le Lévitique, *vous les ferez
griller au feu, vous les broierez comme le froment, et vous offrirez
ainsi vos prémices au Seigneur. Vous répandrez de l'huile dessus et
y mettrez de l'encens, parce que c'est l'oblation du Seigneur* [2].

« Les lévites, dit la *Revue d'Édimbourg*, devaient élever la
gerbe, puis l'incliner d'abord à l'est, ensuite à l'ouest, de là au
midi et enfin au nord, figurant ainsi la croix, avant de déposer les
dons sur l'autel du Très-Haut [3]. »

C'est ainsi que, d'après les commentateurs, on avait coutume
de faire les oblations.

Jéhovah avait prescrit à Moïse les rites à suivre pour la consécration sacerdotale d'Aaron et de ses fils : *Tu consacreras leurs
mains pendant sept jours... Tu prendras la graisse d'un bélier
immolé, tu prendras aussi une partie d'un pain, un des gâteaux
arrosés d'huile, un tourteau de la corbeille des azymes, qui aura*

1. Tertullien, *Contre Marcion*, l. III, chap. xxii.
2. *Lévitique*, chap. ii, v. 14, 15.
3. *The Edinburgh Review.* — *The prechristian Cross.* 1870.

été exposé devant le Seigneur. Tu mettras toutes ces choses sur les mains d'Aaron et de ses fils, et tu les sanctifieras en élevant ces dons devant le Seigneur [1].

Dans son explication de ces paroles : *En élevant ces dons devant le Seigneur*, le D[r] d'Allioli dit : « Par l'agitation (hébr. l'élévation) on entend une élévation (ou mouvement) en forme de croix, dans la direction des quatre points cardinaux, rite par lequel on présentait les offrandes à Dieu, comme au souverain maître du monde. »

Corneille de la Pierre y voit en outre une sorte de prophétie de la croix du Calvaire.

R. Salomon et les Hébreux disent que Moïse devait mettre ses mains sous les mains des nouveaux prêtres ; il les élevait d'abord, puis les abaissait; ensuite il les conduisait de l'orient à l'occident et enfin du midi au nord, « formant ainsi trois fois le signe de la croix, conclut Corneille de la Pierre, comme pour indiquer que Dieu, à qui l'on offrait le sacrifice, était le maître de l'univers, et, en même temps, pour préfigurer le sacrifice de la croix du Christ. *Itaque formam exprimebat trinæ crucis.* »

Mêmes rites dans le sacrifice dit de *jalousie*, dans le sacrifice que le Nazaréen offrait, la tête rasée, après sa consécration, en un mot, dans tous les sacrifices pacifiques offerts soit par les prêtres, soit par les laïques.

Sur ce verset du Lévitique : *Le laïque sacrificateur tiendra dans ses mains la graisse et la poitrine de la victime, et lorsqu'il aura consacré l'une et l'autre en les offrant à Jéhovah, il les remettra au prêtre, qui fera brûler la graisse sur l'autel* [2] ; Corneille de la Pierre donne ce commentaire, d'après Salomon et les Hébreux : « Quand la victime avait été étouffée et partagée, le prêtre prenait la poitrine et la graisse, et les mettait dans les mains du laïque qui offrait le sacrifice. Il plaçait alors ses mains sous les mains du laïque; il les élevait, puis les abaissait, et les conduisait dans la direction des quatre points cardinaux. C'est la cérémonie appelée *ténupha*, dont j'ai déjà parlé dans l'*Exode.* »

1. *Lévitique*, chap. vii, v. 3o.
2. *Exode*, chap. xxix, v. 22-24, 35.

Le sacrifice solennel entre tous chez les Hébreux était celui de l'agneau pascal, qui avait été institué comme mémorial de la délivrance et du salut d'Israël. Il rappelait la sortie d'Égypte, la mer Rouge traversée à pied sec, le pharaon enseveli dans les flots avec toute son armée, et tous ces miracles éclatants accomplis par Dieu pour fonder la liberté de son peuple et lui donner une patrie.

« L'agneau cuit dans le four, dit l'abbé Fouard, devait conserver une forme dont la signification prophétique est manifeste. Il était attaché à deux branches de grenadier, bois moins sensible que tout autre à l'action de la chaleur : l'une d'elles le traversait tout entier, tandis que l'autre, plus courte, tenait les pieds étendus en croix. Ces apprêts étaient l'objet de scrupuleuses précautions, car il fallait se garder de briser aucun os ; la moindre infraction à cette loi était punie de quarante coups de fouet[1]. » L'agneau avait donc la forme du Crucifié sur le bois, et la prescription de ne point briser les os devait s'appliquer à Notre-Seigneur, le véritable Agneau.

Ainsi, d'après les docteurs juifs, les commentateurs et les écrivains catholiques, la croix était figurée dans les oblations et les sacrifices chez les Hébreux.

Elle apparaissait encore dans le geste des prêtres qui donnaient la bénédiction au peuple.

A propos de ces paroles: *Aaron, étendant les mains vers le peuple, le bénit*, et : *C'est ainsi que vous bénirez les enfants d'Israël, et vous leur direz : Que le Seigneur vous bénisse et qu'il vous conserve*, Duguet, dans son *Traité de la Croix de Notre-Seigneur*, s'exprime ainsi : « Le prêtre, en élevant l'hostie, formait le signe de la croix. C'est en faisant le même mouvement que le grand prêtre et même les simples prêtres bénissaient le peuple après les sacrifices[2]. »

On signale encore quelques autres indices de l'honneur rendu à la croix chez les Hébreux ; nous les mentionnons en passant.

---

1. *La Vie de Notre Seigneur Jésus-Christ*, par l'abbé Fouard, t. II, p. 267.
2. Duguet, *Traité de la Croix de Notre-Seigneur*, chap. VIII.

La croix entre deux cornes d'abondance figure sur les monnaies des Macchabées et même des princes iduméens. (*Fig.* 10.) Le pseu-

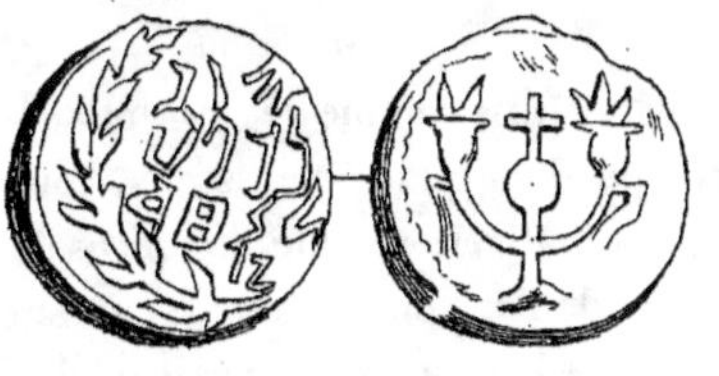

Fig. 10. — De Saulcy, *Recherches sur la numismatique hébraïque.* Pl. III, fig. 10.

do-messie qui se donna pour le Sauveur attendu, qui, pendant cinq ans, tint en échec les armées romaines, et se fit sacrer roi des Juifs sous le nom de Bar·Cocé-bas, *Fils de l'étoile*, parce qu'il devait, disait-il, réaliser l'anti-que prophétie de Balaam : *Une étoile se lèvera du sein de Jacob, un sceptre se dressera du milieu d'Israël ;* Bar Cocébas avait des monnaies qui portaient au revers, en caractères hébraïques, cette

Fig. 11. — De Saulcy, *Recherches*, etc.

légende : *A la liberté de Jéru-salem*, et de face, au sommet d'un temple tétrastyle, l'Étoile de Jacob ou la croix : sym-boles équivalents de la gloire et du salut promis à Israël. (*Fig.* 11.)

M. l'abbé Vigouroux, en décrivant l'ornementation intérieure du temple de Jérusalem, publie un motif de décoration emprunté aux Égyptiens, qui se compose d'une série de croix ansées très curieuses : elles ont comme des bras humains, et chaque main tient un sceptre à la tête d'ibis, symbole de bonté. (*Fig.* 12.)

Fig. 12. — Vigouroux, *la Bible et les découvertes modernes.* T. III, p. 487.

Le savant professeur de l'Institut catholique nous donne aussi des fragments de vases en terre cuite, trouvés récemment sous les murailles du palais de Salomon : l'anse est marquée d'une croix [1]. (*Fig.* 13 et 14.)

Comme les Chaldéens, leurs ancêtres, comme les Égyptiens au milieu desquels ils avaient vécu pendant quatre cents ans, comme les Phéniciens qui les aidèrent à bâtir le temple de Jérusalem, comme beaucoup d'autres nations de l'ancien monde, les Juifs ont connu et honoré la croix. Ainsi tombe la dernière difficulté qui pouvait empêcher les écrivains catholiques d'étudier avec confiance l'histoire de la croix avant Jésus-Christ.

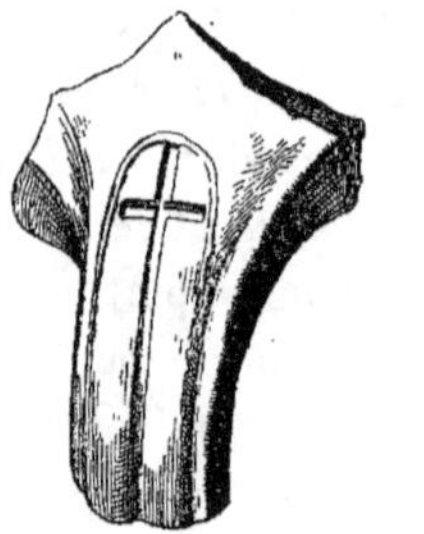 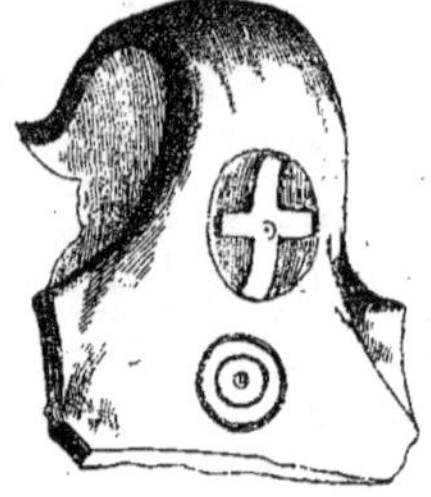

Fig. 13.   Fig. 14.

Vigouroux, *la Bible et les découvertes modernes.* T. III, p. 463.

Chaque découverte nouvelle met donc de nouveaux documents aux mains de l'apologiste catholique. En vain les champions de la libre-pensée fouillent dans le passé, avec l'espoir d'y trouver des armes contre l'Église : ils n'ont abouti jusqu'à présent qu'à mettre dans une lumière de plus en plus éclatante l'harmonie de la doctrine catholique et des antiques traditions. Selon la parole de saint Vincent de Lérins : Ce qui a été cru partout, par tous et toujours, voilà ce qui est vraiment catholique.

Serions-nous déjà à l'aurore des temps prédits par Joseph de Maistre, où « l'affinité naturelle de la religion et de la science

---

1. « Nous trouvâmes aussi à cet angle des anses de vases en terre cuite. Tout autour sont des caractères qui indiquent que ces poteries avaient été fabriquées pour l'usage de la cour. Comme c'était là l'angle sud-est du palais de Salomon, il est naturel que les débris de poteries du palais s'y soient accumulés. » Warren, *Underground Jerusalem*, p. 423, et Wilson· *The Recovery of Jerusalem*, p. 152 et 474. Cités par l'abbé Vigouroux : *la Bible et les découvertes modernes*, t. III, p. 463.

les réunira » dans une fraternelle étreinte? où « les savants euro-
péens, qui sont dans ce moment des espèces de conjurés ou d'initiés, ou comme il vous plaira de les appeler, qui ont fait de la
science une espèce de monopole », permettront enfin « qu'on sache
plus ou *autrement* qu'eux ». « Alors, toute science changera de
face : l'esprit, longtemps détrôné et oublié, reprendra sa place. Il
sera démontré que les traditions antiques sont toutes vraies, que le
paganisme entier n'est qu'un système de vérités corrompues et
déplacées ; qu'il suffit de les *nettoyer* pour ainsi dire et de les
remettre à leur place pour les voir briller de tous leurs rayons.
En un mot, toutes les idées changeront ; et puisque de tous côtés
une foule d'élus s'écrient de concert : Venez, Seigneur, venez!
pourquoi blâmeriez-vous les hommes qui s'élancent dans cet ave-
nir majestueux et se glorifient de le deviner [1] ? »

Déjà l'archéologie devient chrétienne. Courage, Messieurs,
ne vous lassez point de continuer vos recherches, étendez-les
plutôt. Restituez les textes des auteurs classiques, déchiffrez
les inscriptions cunéiformes et les vieux hiéroglyphes; que l'archéologie, l'ethnographie, la numismatique vous livrent leurs mystères. Faites, faites des fouilles dans les ruines des civilisations
écroulées. Descendez dans le trésor de Priam, dans le palais de
Ninive, dans les tombeaux de Mycènes ; rendez à la lumière les pro-
pylées et les autels de la ville d'Hercule. Explorez les cimetières étrusques et celtiques. Exhumez les bas-reliefs, les statues, les vases de bronze et de terre, et les médailles et les
cylindres, et les sceaux et les scarabées, et les ossuaires et les stèles
et les cippes funéraires. Réveillez les momies qui dorment au fond
des vieilles pyramides, en attendant la résurrection ; arrachez leurs
secrets aux sphinx qui gardent les portes des temples de Thèbes
et de Memphis. Dégagez l'antique et vénérable Orient de son linceul de sable et de poussière ; levez le voile d'Isis. Partout où vous
portez la curiosité de vos investigations, nous sommes avec vous.
Chaque fois qu'en labourant dans tous les sens le champ de la
science vous faites jaillir, sous le soc de votre charrue, un éclat de

----

1. J. de Maistre, *Soirées de Saint-Pétersbourg,* onzième entretien.

vérité, un débris de la tradition, nous applaudissons à vos succès, car c'est pour Jésus-Christ que vous travaillez, sans le savoir :

Sic vos non vobis fertis aratra, boves.

Le Sauveur disait : *Scrutez les Écritures et vous verrez qu'elles rendent témoignage de moi*[1]. La tradition rend le même son que l'Écriture : *Teste David cum Sibylla*[2].

Dieu est le maître des sciences : comme aux astres du ciel, son doigt leur a tracé une route. Si elles s'égarent, il les ramène tôt ou tard dans le droit chemin. Il ne leur permet pas d'oublier qu'elles sont à lui, et qu'il les a créées pour être les servantes de la vérité.

Nous allons essayer d'esquisser l'histoire de la croix avant Jésus-Christ, ou plutôt de collectionner des matériaux pour servir à cette histoire. Exposons les faits, citons les monuments où l'on a cru voir des signes cruciformes; indiquons les appréciations que les archéologues en ont données, le sens que, d'après eux, les peuples anciens attachaient à ces emblèmes mystérieux. Tirons les pierres de la carrière. Un jour, peut-être, quelque Amphion mettra ces matériaux en mouvement au son d'une lyre divine, et l'on verra s'élever un temple à la gloire de la croix.

1. Saint Jean, chap. v, v. 39.
2. Prose de l'Office des morts.

Les deux chapitres ci-après sont donnés à titre d'essai. On trouvera à la fin de cet opuscule le plan complet de l'ouvrage en préparation.

LA CROIX ET LA DIVINITÉ

CHAPITRE PREMIER

LE

MYSTÈRE DE LA CROIX PRÉCHRÉTIENNE

Avant Jésus-Christ, la croix apparaît comme un drapeau de contra-
diction. C'est à la croix qu'on attachait les vaincus, les esclaves, les
criminels pour les supplicier, et c'est la croix que les prêtres, les rois,
les personnages puissants et même les hommes du peuple, portaient à la
main, sur leur poitrine ou sur leurs vêtements, comme gage de la protection du Ciel. Croix potence et croix d'honneur, instrument de
mort et signe de vie, objet d'horreur et de bénédiction, bois infâme
et symbole religieux ! Grand mystère, bien fait pour appeler les médi-
tations des philosophes, des archéologues et des théologiens, de tous
ceux qui aiment à connaître la raison des choses et à glorifier Dieu
dans ses œuvres.

I

Il y avait différentes sortes de croix.

Peut-être, au commencement, attachait-on le condamné à un tronc
d'arbre, d'où serait venu à la croix le nom d'arbre de malheur, *arbor*
ou *lignum infelix*. Là, on le brûlait, on le perçait de flèches ou de
coups de lance. Juste Lipse nous montre un patient suspendu par les
mains jointes, à un poteau élevé, jusqu'à ce que mort s'ensuive. Quelquefois, on faisait asseoir le misérable sur la pointe aiguë d'un long
pieu ; alors c'était le supplice du pal. *Si acuta sedeam cruce.*

Plus tard, on en vint à mettre sur le sommet du poteau une traverse
où le condamné était cloué, les bras étendus. Cette croix présentait
l'aspect de la lettre T ; on l'appelait *crux commissa* ou *patibulata*. Si
une partie de la hampe dépassait la traverse, c'était la croix latine,
crux immissa. Enfin, la croix de Saint-André, *crux decussata*, qui tire
son nom du supplice de l'apôtre, avait la forme d'un X ; les membres
du patient étaient liés aux quatre croisillons.

Aussi loin que nous remontions dans l'antiquité, c'est la croix que nous voyons partout dressée comme l'instrument du dernier supplice.

Dans la législation pénale établie par Moïse, on lit : *Lorsqu'un homme aura commis un crime qui mérite la mort, que la sentence aura été rendue, et qu'on l'aura attaché au gibet, son corps ne restera pas sur le bois, mais on l'ensevelira le même jour ; car il est maudit de Dieu, celui qui est pendu au bois*[1].

Le roi de Haï, au pays de Chanaan, ayant été fait prisonnier par Josué, fut pendu à une croix[2].

En Égypte, le pannetier qui avait encouru la disgrâce du pharaon, fut mis en croix. *Suspensus est in cruce*[3].

En Assyrie, c'est sur une croix haute de cinquante coudées qu'Aman expia ses projets homicides contre la nation juive.

Quant à la Grèce, personne n'a oublié ces paroles de Platon, prophétisant le sort du Juste : « Otons-lui jusqu'à la réputation d'honnête homme, dépouillons-le de tout, hormis de sa vertu ; qu'il passe pour le plus scélérat des hommes, sans avoir jamais commis la moindre injustice.... Tel que je l'ai dépeint, le Juste sera fouetté, torturé, mis aux fers, on lui brûlera les yeux ; enfin, après lui avoir fait souffrir tous les maux, on le mettra en croix[4]. »

Les Carthaginois, au quatrième siècle avant Jésus-Christ, crucifièrent leur général Bomilcar.

A Rome, plus peut-être que dans le reste du monde, le supplice de la croix était réputé infâme. « A Dieu ne plaise, dit Cicéron, que la croix souille les membres d'un citoyen romain ; le nom odieux de croix ne doit pas même être prononcé devant lui[5]. » Les oreilles nous tintent encore de ce cri qu'arrachait à l'âme patriotique du grand orateur, la nouvelle inouïe, invraisemblable, qu'un citoyen romain avait été mis en croix : « Enchaîner un citoyen romain, c'est un crime ; le battre de verges, c'est un forfait ; le mettre à mort, c'est presque un parricide ; mais l'attacher à une croix ! les expressions manquent pour caractériser une action aussi exécrable[6]. » Pour ceux qui n'avaient pas l'honneur d'être citoyens, la croix était le supplice légal, dans toute l'étendue de

---

1. *Deutéronome*, chap. xxi, v. 22 et 23.

2. *Josué*, chap. viii, v. 29. — *Regem ejus suspendit in patibulo.... deposuerunt cadaver ejus de cruce.*

3. *Genèse*, chap. xl, v. 17.

4. Platon, *la République*, livre II.

5. Cicéron, *Contre Rabirius*, chap. v.

6. Cicéron, *Contre Verrès* : Des supplices.

l'empire. Lorsque Tacite parle de la mort de Jésus-Christ, il ne prend pas la peine de mentionner qu'un Juif avait été crucifié; c'était tout naturel. L'historien romain se contente de dire que « le Christ avait été supplicié sous Ponce Pilate ». *Supplicio affectus erat* [1].

Les croix étaient devenues si communes à Rome, qu'on ne se dérangeait même plus pour les éviter; on passait avec indifférence à côté des crucifiés, qui pendaient par milliers aux arbres des promenades publiques [2].

La croix ayant la forme de la lettre T, paraît avoir été le gibet le plus fréquemment employé. Dans le *Jugement des Voyelles* de Lucien, où le *Sigma* assigne le *Tau* à comparaître devant les *Voyelles*, pour cause de vol et de violence, il l'accuse de lui enlever ses droits, d'usurper sa place dans la prononciation d'une foule de mots. Puis, comme il arrive quelquefois dans d'autres plaidoyers, sortant de la question, le *Sigma* injurie son adversaire et lui reproche l'infamie de son nom.

« Ce *Tau*, s'écrie-t-il, je ne puis lui donner un nom pire que celui qu'il porte. Et lui-même, j'en atteste les dieux, si deux d'entre vous, aimables et bonnes, *Alpha* et *Upsilon*, ne vous joigniez à lui, jamais il ne parviendrait seulement à se faire entendre. »

Le réquisitoire devient plus véhément. « Les hommes, dit le *Sigma*, se plaignent et gémissent sur leur malheureux sort; ils font mille imprécations contre Cadmus, de ce qu'il a introduit le *Tau* dans la famille des lettres. Car ils disent que c'est à son image, à l'imitation de son odieuse figure, que les tyrans ont fait tailler le bois sur lequel ils les mettent en croix. C'est, en effet, son nom sinistre qu'ils ont donné à cette sinistre invention. Pour tous ces motifs, de combien de morts le jugez-vous digne? Pour moi, je ne sais qu'un supplice qui puisse égaler ses crimes, c'est d'être attaché à sa propre figure, puisque c'est sur le Tau que les hommes ont pris modèle pour fabriquer la croix. »

On se demande quelle forme avait la croix du Calvaire.

« D'après une tradition fort accréditée, dit l'abbé Martigny, la croix

1. Tacite, *Annales*, livre XV, n° 44.
2.
Parfois devant ses portes
Quelque Crassus, vainqueur d'esclaves et de rois,
Plantait les grands chemins de vaincus mis en croix;
Et quand Catulle, amant que notre extase écoute,
Errait avec Délie aux deux bords de la route,
Six mille arbres humains saignaient sur leurs amours.

VICTOR HUGO, la Légende des siècles.

du Sauveur aurait été une croix en T, et, en effet, les écrivains anciens la désignent fréquemment sous le nom de *tau*. » M. Rohault de Fleury cite comme partisans de cette opinion, saint Jérôme, saint Paulin, Sozomène et Rufin.

Dom Calmet pense que le dessus de la croix, auquel était attaché le titre ou la sentence de condamnation de Jésus-Christ, n'était qu'un bois postiche avec une planche où l'on avait gravé les initiales I. N. R. I. Mais, ajoute le savant exégète, il est malaisé de savoir certainement

Fig. 15. — Croix du Calvaire.

ces choses dont les auteurs sacrés n'ont rien dit.

Pour suppléer au silence des évangélistes, nous avons le langage des premiers monuments chrétiens.

En Italie, on trouve le T parmi les symboles les plus vénérés, sur les plus anciens monuments chrétiens. Une cornaline du deuxième siècle présente deux fois la croix en T.

D'abord la croix supporte la colombe avec le rameau d'olivier, et ayant l'agneau à sa base; elle s'élève aussi sur l'arche de Noé. Les autres symboles sont l'ancre accostée de deux poissons, un poisson isolé avec son nom symbolique IXΘYC inscrit dans le champ, et enfin l'image du Bon Pasteur portant la brebis sur ses épaules. (*Fig* 16.)

On peut voir au musée Kircher, à Rome, une singulière caricature découverte par le P. Garucci, en 1859, sur un mur du palais des Césars, au Palatin. Elle est connue sous le nom de *Graffito blasfemo*. Le Christ, représenté avec une tête d'âne, y est attaché à une croix en T. Une petite baguette, plantée au milieu de la traverse, sou-

Fig. 16. — Symboles chrétiens. (Garucci, *Civiltà cattolica*. 1857.)

tient l'écriteau. Cet étrange monument date, pense-t-on, du troisième siècle. (*Fig.* 17.)

Saint Zénon de Vérone, qui monta sur le siège de cette ville en 362, atteste avoir placé une croix en forme de *tau* sur le faîte d'une basilique qu'il avait bâtie : *in modum tau litteræ prominens lignum*[1].

Des reliquaires du sixième siècle, du trésor de Monza, sont ornés de crucifix émaillés dont la croix est en T[2].

Fig. 17. — *Graffito blasfemo.* (Musée Kircher.)

BÉNÉDICTION DE SAINT FRANÇOIS D'ASSISE
FAC-SIMILE
DE L'ÉCRITURE DE SAINT FRANÇOIS

Benedicat tibi dñs et custodiat te. Ostendat faciem suam tibi et misereatur tui. Convertat vultum suum ad te et det tibi pacem.

f. Leo Dñs benedicat te.

Fig. 18.

Au douzième siècle, saint François d'Assise professait une vénération particulière pour la croix en T. On conserve, dans les archives de l'Ordre des Franciscains, l'original de la bénédiction, écrite sur parchemin, de la main du séraphique patriarche, pour frère Léon. La croix, qui est comme la signature de saint François et le sceau de sa bénédiction, est une croix en T. (*Fig.* 18.)

Dans plusieurs gravures du quinzième siècle, tirées de *The Legendary History of the Cross*, qui représentent la Passion du Sauveur et l'adoration de la croix sur le Calvaire, la croix de Jésus-Christ est en T, comme celle des deux larrons. Le titre est fixé entre deux baguettes ou cloué sur la traverse[3]. (*Fig.* 19 *et* 20.)

De nos jours encore, la croix en T continue d'être vénérée dans

1. Martigny, au mot *Croix.*
2. Mozzoni, *Tav. cron.,* VII, 79.
3. *The Legendary History of the Cross,* pl. 37.

plusieurs églises de France, à Agde, dans l'Hérault, à Bellaigue, en Auvergne [1]. Il y a trois T dans l'écusson de l'église de Saint-Antoine, à Compiègne. (*Fig.* 21.)

Fig. 19. — La Passion du Sauveur, 1483.

Cependant, l'opinion la plus commune est que l'instrument de notre rédemption fut une croix latine. Un grand nombre de Pères et d'écrivains ecclésiastiques, saint Justin, saint Irénée, saint Augustin, Juste

1. Crosnier, *Iconographie chrétienne*, p. 147.

Lipse, Gretzer, Socrate, Théodoret, Eusèbe, se prononcent dans ce sens.

Au point de vue pratique, dit M. Rohault de Fleury, l'assemblage à mi-bois de la traverse sur le montant est plus simple et plus solide : une seule cheville suffit pour la maintenir ; tandis que la traverse coiffant le montant exige un tenon, une mortaise et une cheville.

Lorsque saint Pierre fut crucifié la tête en bas, la croix n'avait pas

Fig. 20. — Les disciples adorant la croix, 1483.

été faite exprès pour lui, et elle avait une tête pour pouvoir être scellée en terre.

Cette opinion semble confirmée par la croix du bon larron que l'on conserve dans l'église Sainte-Croix de Jérusalem. Au milieu, à la croisée de la traverse avec le montant, on voit un trou rond très déformé et ayant dû recevoir une cheville ; ce qui indiquerait que c'était une croix latine. La croix du Sauveur devait ressembler à celle des larrons crucifiés avec lui, autrement on ne s'expliquerait guère l'hésitation de sainte Hélène pour discerner l'instrument de notre rédemption, parmi les trois croix qu'elle découvrit sur le Calvaire.

Fig. 21. — Écusson de l'église de Saint-Antoine.

Aucun monument de date certaine ne présente la croix latine avant le quatrième siècle; mais, à partir de cette époque, elle est d'un usage fréquent, et même c'est elle qui a prévalu dans les pratiques de l'art et du culte. Sur des médailles, Théodose Ier a pour sceptre une croix latine, et l'impératrice Eudoxie tient une croix latine de chaque main. Un *follis* de cuivre de Justin Ier représente au droit le buste de l'empereur avec le monogramme constantinien sur la poitrine, et, au revers, la croix de Malte et deux croix latines.

A Saint-Apollinaire de Ravenne, on voit une mosaïque datant du sixième siècle, qui représente la Transfiguration. Notre-Seigneur n'y est pas figuré en personne ; à sa place est une croix latine dans un ciel étoilé [1].

Aujourd'hui, dans toutes les églises, le crucifix offre l'image du Sauveur sur une croix latine.

Les croix patibulaires en usage dans l'antiquité avaient donc la forme de la croix en tau et de la croix latine ; on les employait indifféremment l'une et l'autre, si bien que les exégètes qui ont le plus étudié la question hésitent encore, après dix-huit siècles, à nous dire la forme de la croix où le Sauveur fut attaché au Calvaire.

Ce qui n'est pas douteux — et c'est ici que le mystère commence — c'est que, d'après l'opinion unanime des archéologues croyants et incroyants, la croix était, dès les temps les plus reculés, un symbole sacré, le plus ancien, le plus universel, le plus vénéré des symboles religieux.

II

J'ai déjà cité le docteur Schliemann affirmant que la croix était, pendant des milliers d'années avant Jésus-Christ, « un symbole religieux de la plus haute importance chez les premiers ancêtres des races aryennes [2] ».

C'est aussi l'enseignement de M. Alexandre Bertrand, de l'Institut, dans ses publications de l'École du Louvre :

« Je dois, dit le savant conservateur du musée de Saint-Germain, recommander à toute votre attention un signe, je dois dire un symbole, insignifiant au premier abord, et qui, cependant, a joué dans le monde un rôle considérable. Ce signe, qui apparaît pour la première

---

1. Martigny, *Dictionnaire des Antiquités chrétiennes*, au mot: *Transfiguration de Notre-Seigneur*.

2. Schliemann, *Antiquités troyennes*. Rapport sur les fouilles de Troie, p. 48.

fois en Occident avec les tribus auxquelles appartiennent les nécropoles à incinération de Vergiase, Sesto-Calende, Golasecca, Villanova et Chiusi, n'est autre que la croix gammée. Nous le retrouverons un jour dans les catacombes au nombre des premières formes de la croix des chrétiens.

« Je me contenterai aujourd'hui de vous dire, afin de justifier l'importance que j'y attache, *que vous devez y attacher*, que ce signe, un des plus anciens symboles religieux des brahmanes, puis des jaïnas et des bouddhistes, était encore, aux deuxième et troisième siècles de notre ère, en Orient, une des représentations symboliques du soleil ; mais il était loin de faire alors, pour la première fois, son apparition en Occident ; aux sixième et septième siècles avant notre ère, il était déjà répandu à profusion dans les îles de la Méditerranée. Enfin, M. Schliemann a rapporté des fouilles d'Hissarlik, probablement la Troie légendaire du cycle homérique, toute une série d'amulettes marquées de ce signe, et dont j'ai réuni sur une planche les principaux types. Le nom sanscrit de ce signe est *swastika*, signe de bénédiction et de bon augure aux yeux des brahmanes, ainsi que nous l'apprend notre grand indianiste E. Burnouf [1]. »

« Cette croix, dit M. Louis Müller, apparaît souvent comme un ornement et parfois elle n'est pas autre chose : par exemple, sur plusieurs vases peints pélasgiques et grecs et des fusaïoles (pesons de fuseau) de Hissarlik, sur quelques bijoux, dans les mosaïques romaines, etc. Mais, en beaucoup de cas, l'emploi qu'on en fait est tel qu'il faut lui attribuer une signification particulière. De nos jours, elle est un symbole religieux ou sacré dans l'Inde et dans l'Asie orientale, et, dans l'antiquité, elle l'était aussi dans l'Inde, aussi loin qu'on y peut la suivre. Qu'elle ait eu également une signification religieuse chez différents autres peuples de l'antiquité, cela se voit par l'application qui en a été faite sur des monnaies, des autels, des urnes cinéraires, des pierres sépulcrales et des flancs de rochers. Elle figure sur les monnaies de différents pays, comme attribut d'une divinité et comme type principal. Sur quelques-uns des autels, comme sur plusieurs des urnes et pierres funéraires, elle n'apparaît pas comme un ornement, et ne peut être qu'un symbole qui se rattache à la croyance religieuse ; il est permis d'en conclure qu'elle doit être comprise de la même manière sur d'autres

---

1. Publications de l'École du Louvre, *la Gaule avant les Gaulois*, par A. Bertrand.

objets appartenant au culte ou aux tombeaux, où elle pourrait sembler n'être qu'un ornement.

« En outre, dans l'antiquité, on attribuait à cette croix une vertu secrète ou magique, et on s'en servait comme de phylactère. Dans les peintures de vases de la Grande-Grèce, des hommes la portent sur la poitrine en guise d'amulette. Sur les objets d'un usage journalier, elle est assez souvent appliquée d'une manière qui montre qu'elle n'y a pas été placée pour servir d'ornement, mais dans un but prophylactique; à cette catégorie appartiennent quelques fusaïoles de Hissarlik, une fibule d'or massif retirée d'un tombeau en Apulie, des fibules de bronze de la nécropole de Villanova, un vase de terre et une poignée d'épée provenant l'un et l'autre des tourbières du Danemark. Mais, une fois bien établi que cette croix a été appliquée comme un phylactère sur des ustensiles, des fibules et des armes, il y a lieu de croire que, sur des objets du même genre où elle se présente comme un ornement, elle a été mise, non seulement pour les décorer, mais aussi, et peut-être principalement, parce qu'on y attachait une vertu préservatrice.

« On a enfin fait usage de cette croix comme emblème personnel ou marque privée. Sur des monnaies de villes grecques, elle est quelquefois le signe d'un magistrat ou de celui qui était préposé au monnayage, et elle peut être regardée comme la marque du fabricant sur plusieurs vases et autres objets en terre cuite. Or, quand on passe en revue les emblèmes personnels que nous présentent en grande quantité les monnaies, les pierres gravées, les marques imprimées sur les vases d'argile, etc., on trouve qu'ils sont le plus souvent en relation avec la croyance et le culte religieux; ce n'est qu'exceptionnellement qu'on rencontre une figure qui soit un pur ornement. Cela permet de supposer avec quelque raison que cette croix a été choisie pour emblème personnel, et que, dans les pays où on la trouve employée à cet usage, elle était, au moins à une époque antérieure, en rapport avec les croyances religieuses. Elle a donc été un symbole religieux, un signe prophylactique, un emblème personnel et un ornement; mais, quant à savoir dans laquelle de ces catégories il faut la ranger, c'est une question souvent difficile à décider et qui exige des recherches spéciales [1]. »

1. Ludvig Muller, *l'Emploi et la signification dans l'antiquité du signe dit la croix gammée,* p. 101.

Aux yeux de M. L. Müller, la croix, dans l'antiquité, avait donc presque toujours une signification religieuse ; ce n'est que par exception qu'elle aurait été un simple ornement. Reste à savoir si, même dans ces cas très rares, la croix ne garde pas un sens religieux ou prophylactique, qui aurait échappé à la sagacité du savant et consciencieux archéologue danois.

C'est l'opinion de M. Gabriel de Mortillet. Le conservateur adjoint

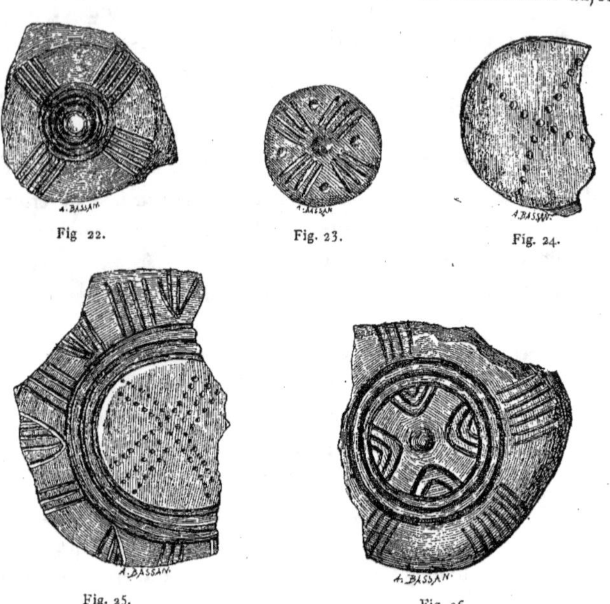

Fig 22.   Fig. 23.   Fig. 24.

Fig. 25.   Fig. 26.

Vases des terramares de l'Émilie, âge du bronze.

du musée de Saint-Germain attache un sens religieux non seulement à la croix gammée, mais à toutes les croix préchrétiennes, et il met cette thèse hors de doute, ce nous semble, avec l'autorité de sa science et de son incroyance.

« Les terramares de l'Émilie, dit l'auteur du *Signe de la croix avant le Christianisme*, appartenant à l'âge du bronze et remontant à mille ans au moins avant Jésus-Christ, contiennent fréquemment le signe de la croix gravé sur des poteries d'usage domestique. Parmi les vases dont le fond est orné, soit à l'intérieur, soit à l'extérieur, plus de la moitié

présentent des croix très variées. Cette énorme proportion montre bien
que la croix était un signe, un emblème, un symbole tracé avec intention
et auquel on attribuait la plus grande importance.

« Ce symbole était très diversement représenté, comme on peut en
juger par les figures ci-jointes (*Fig.* 22, 23, 24, 25, 26).

« L'extrême variété dans la composition de la croix est la meilleure
preuve que le dessin de ce symbole a bien été intentionnel. La croix
était considérée comme si importante que c'est sur elle que se déployait
l'imagination des artistes du temps. Il s'est évidemment produit alors
ce qui s'est renouvelé en France vers l'époque carlovingienne et dans
le moyen âge. La croix étant, dans les deux cas, en grande vénération,
on la représentait de toute manière, et tout finissait par se transfor-
mer en croix. »

M. de Mortillet ajoute :

« Lorsqu'à l'époque du bronze a succédé dans l'Émilie la première
époque du fer, — longtemps encore avant l'invasion des Étrusques, —
la croix s'est maintenue comme emblème religieux, ainsi que le prouve
le cimetière de Villanova. La croix s'y montre très nettement gravée
sur des objets en bronze.

« On la voit reproduite en nombre sur certains vases, mêlée à divers
autres motifs d'ornements, que ce soit de simples combinaisons de
lignes ou bien des représentations d'êtres vivants. Cette présence de la
croix dans les deux modes d'ornementation et sa position à la place
d'honneur indiquent bien qu'il s'agit d'un signe important, qui jouait
un grand rôle dans les croyances du peuple de Villanova.

« Enfin, la croix se trouve diversement dessinée sur tous les cylindres
à têtes ornées[1].

« Ces dessins sont on ne peut plus différents ; pourtant chacun
d'eux représente une croix. Cela ne peut être l'effet du hasard. Il y
a donc bien eu intention formelle de figurer la croix, intention qui
démontre qu'on attachait alors un sens tout particulier à ce signe.
Ici, comme sur les vases des terramares, on retrouve des formes qui
ont presque toutes leurs analogues dans les croix des monnaies chrétiennes. Le culte du même symbole a produit les mêmes résultats à
des époques bien distantes et bien différentes. C'est ainsi que certaines
monnaies de Raimond de Turenne nous montrent une croix composée

---

1. Voir *le Signe de la croix avant le Christianisme*, fig. 93, 94, 95, 96.

d'un *O* gothique au centre et de quatre annelets formant les bras, et même de cinq annelets. Quant aux croix cantonnées de ronds ou besants, elles se voient sur des monnaies fort nombreuses et très diverses. La numismatique de Normandie offre même de fréquentes croix cantonnées d'annelets.

« Les sépultures de Golasecca, de la même époque que celles de Villanova, sont encore plus concluantes. Là, toutes les tombes contiennent une et même plusieurs croix. Ces croix sont tracées d'une manière assez uniforme sous le fond des ossuaires, des coupes couvercles et des vases accessoires. On voit très bien qu'il s'agit d'une croyance générale, d'un rite régulier, d'une idée éminemment religieuse, se reliant au culte des morts. Dans ce cas, il est impossible de le nier, la croix a très positivement été employée comme emblème religieux [1].

« On voit qu'il ne peut plus y avoir de doute sur l'emploi de la croix comme signe religieux bien longtemps avant le christianisme [2]. »

On lit dans la *Grande Encyclopédie* :

« La croix et la diffusion de son usage ont une réelle importance ethnographique. Bien que formée de lignes qui, croisées à angles droits et diversement enjolivées, sont très décoratives et se prêtent à des groupements agréables, elle ne se montre pas à l'origine comme simple motif ou objet d'ornement. Elle a eu tout d'abord le rôle d'un symbole religieux...

« En Europe, la croix s'est répandue avec l'usage du bronze. Elle est clairement en rapport avec un ensemble nouveau de mœurs et de croyances, de même origine peut-être que le bronze. Elle est reproduite sous diverses formes sur un très grand nombre d'objets, sur des fibules, sur des poignées, sur des ceintures, mais surtout sur des pièces d'argile et en particulier des poteries. Les poteries qui en sont ornées appartiennent généralement à des mobiliers funéraires. Dans le cimetière proto-étrusque de Golasecca, chaque sépulture contient un vase portant une croix formée de deux barres lustrées. Et on a remarqué (G. de Mortillet) que la présence de ces croix, non dans un endroit apparent, mais en dessous, sur le fond, prouve qu'elles n'étaient pas employées en ce cas comme motif d'ornement, mais comme signe de consécration. Les formes préhistoriques de la croix sont aussi nom-

---

1. G. de Mortillet, *le Signe de la croix avant le Christianisme.* Résumé et conclusions, p. 162, 168.
2. *Id., ibid.*, p. 173.

breuses que les formes chrétiennes et du même genre. Il faut remarquer parmi elles celles où le centre est occupé par un point, un cercle, ou plusieurs cercles concentriques. Le cercle avec ou sans point central s'est répandu en Europe, en même temps que la croix, avec un caractère symbolique semblable[1]. »

Ce que M. de Mortillet dit des croix gravées sur la vaisselle, sur les ossuaires et les cylindres étrusques et celtiques; M. Bertrand, des croix des brahmanes, des jaïnas et des bouddhistes; M. Ludvig Müller, des croix marquant les autels, les monnaies, les poteries; M. Zaborowski, des croix employées comme signe de consécration sur le fond des vases cinéraires; M. Schliemann, des croix vénérées chez les premiers ancêtres des races aryennes, d'autres archéologues le disent aussi des autres croix préchrétiennes qu'ils ont rencontrées dans le cercle de leurs études, et « proclament qu'il ne peut plus y avoir de doute sur l'emploi de la croix comme signe religieux bien longtemps avant le christianisme ».

III

Quand on cherche à concilier cette vénération dont la croix était l'objet avec l'infamie attachée au supplice de la croix, on est fort embarrassé. La difficulté est d'autant plus grande que c'est la même croix, la croix patibulaire, croix en tau et croix latine, qui, chez les mêmes peuples, était regardée comme le plus sacré des symboles religieux, comme le gage de la bénédiction divine.

Qui ne sait le culte des Égyptiens pour la croix ansée? Elle était pour eux le symbole de la vie éternelle. Les pharaons, les dieux mêmes sont représentés la croix ansée à la main. On la suspendait, à l'aide d'une petite chaînette, au cou des enfants et des malades. Les morts dormaient, la croix ansée sur la poitrine, en attendant la résurrection. Nous la retrouvons collée sur les bandelettes des momies qui, souvent, les bras disposés en croix, tiennent encore de chaque main la croix ansée.

Mais la croix ansée, qu'est-elle autre chose que la croix en tau ou la croix latine, auxquelles les Égyptiens avaient ajouté une *anse*, afin de pouvoir les porter plus facilement? (*Fig.* 27 *et fig.* 28.)

Montfaucon publie un grand nombre de monuments datant de la dix-huitième dynastie, avec des croix latines munies d'une anse. Le savant antiquaire y reconnaît si bien la forme d'un instrument de sup-

---

1. Zaborowski, *Archéologie préhistorique.* — La *Grande Encyclopédie*, 311ᵉ livraison.

plice, qu'il serait tenté de les prendre pour la croix de Jésus-Christ, s'il n'était pas absolument certain que ces croix égyptiennes sont antérieures au Calvaire.

« Je prends aussi pour une Isis la statue suivante..... Ce qu'il y a de particulier, ce sont trois croix bien formées, posées de niveau sur trois espèces de piédestaux ou de monticules. Voir des croix dans des monuments égyptiens, cela n'est pas rare. Il y en a de très bien formées dans l'image d'Isis, donnée à la planche cvi du second tome de l'*Antiquité;* l'on en voit aussi dans la même table isiaque. Mais en voir trois en même ligne et sur le même niveau, posées sur des piédestaux, c'est ce que je n'avais point encore observé :

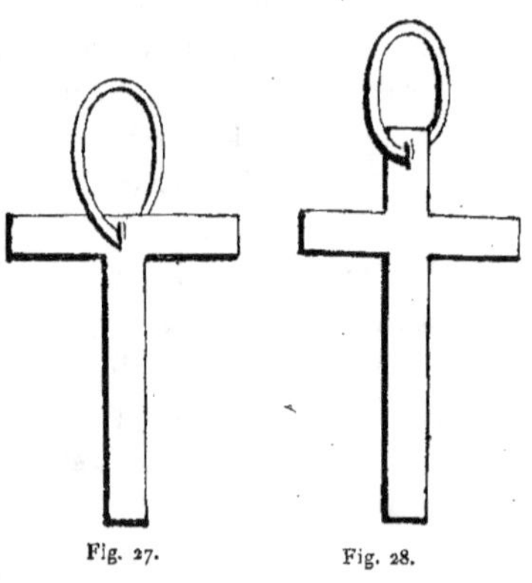

Fig. 27.　　　　Fig. 28.

Croix ansées égyptiennes.

cela est tout nouveau pour moi, et peut donner lieu à bien des réflexions. On ne peut pas rapporter cela à la croix de Jésus-Christ et des deux larrons, ni dire que les Égyptiens ont imité cela de notre religion. Ces figures-là sont plus anciennes que le christianisme, et faites même, selon toutes les apparences, avant les Ptolémées [1]. »

Si vous ne pouvez parcourir ces gros in-folio de l'*Antiquité expliquée,* allez sur la place de la Concorde, à Paris, et regardez l'obélisque de Louqsor. Ce contemporain de Ramsès II et de Moïse est couvert d'inscriptions hiéroglyphiques, où vous remarquerez une multitude de croix ansées ; les unes sont des taus, les autres des croix latines. La voix du géant, malgré un silence de plus de trois mille ans, n'est pas rouillée, comme celle du maître de Dante ; elle s'élève au milieu de cette place fameuse, comme un fidèle écho des temps antiques, et semble vouloir porter jusqu'au ciel son irrécusable témoignage. Elle affirme que, seize cents ans avant Jésus-Christ, la croix potence, croix latine ou croix en tau, était déjà vénérée chez les Égyptiens comme le signe du salut et de la vie éternelle.

---

1. Montfaucon, *l'Antiquité expliquée.* Supplément, t. II, *les Dieux égyptiens,* p. 133.

En voulez-vous encore une preuve ? Allez au musée égyptien du Louvre, montez au premier étage. Dans la salle des dieux, à droite en entrant, près de la première fenêtre, voyez-vous cette boîte de momie qui porte le numéro 3004 ? Elle est ouverte. Regardez dans l'intérieur. Au septième registre, voici la croix ansée. Elle a l'aspect d'un homme crucifié. L'intérieur de l'anneau, de forme ovale, comme le visage humain, est peint couleur de chair. Sous le front s'ouvre un grand œil qui rend cette figure vivante. Du corps de la croix, je veux dire de la branche verticale, sortent deux bras qui semblent les bras mêmes du supplicié ; chaque bras tient un sceptre à tête d'ibis, symbole de bonté. Impossible d'exprimer plus clairement que la croix vénérée par les Égyptiens comme le signe de la vie éternelle, était bien un instrument de supplice. La croix et le crucifié ne font qu'un.

Les Égyptiens n'étaient pas seuls à regarder la croix potence, sous la double forme de croix en tau et de croix latine, comme symbole de vie et de salut. La plupart des peuples anciens y attachaient le même sens.

Lorsque Dieu ordonna à Ézéchiel de marquer le front des justes du signe du salut, il lui dit : « Mets-y le tau. » Or le tau, dans l'alphabet hébraïque et dans un grand nombre d'alphabets primitifs, avait tantôt la forme de la lettre T et tantôt celle de la croix grecque ou de la croix latine.

« Le tau, dit Waring, ou la croix *commissa*, ayant la forme d'un gibet, était regardé comme le signe de vie chez un grand nombre de peuples de l'antiquité [1]. »

« Le T, dit M. V. Duruy, était pour les Gentils un symbole de salut [2]. Il ajoute : « Sous la forme de la *croix ansée*, qui reproduit exactement le *chrisma*, la croix signifie le salut, la vie éternelle, et elle était, aux mains des divinités égyptiennes, l'attribut essentiel de leur puissance. »

« La croix *commissa* ou *patibulata*, imitant la lettre T, dit l'abbé Martigny, était, chez les Gentils, un symbole de vie, de félicité, de salut [3]. »

D'après le marquis de Nadaillac : « La croix est dans tous les pays d'une haute antiquité ; on la trouve sur les plus anciens monuments de l'Égypte, où elle signifie la vie éternelle [4]. »

---

1. Waring, *Ceramic Art*.
2. *Histoire des Romains*, t. VII, p. 39.
3. Martigny, *Dictionnaire*, au mot *Croix*.
4. Marquis de Nadaillac, *l'Amérique préhistorique*, p. 176.

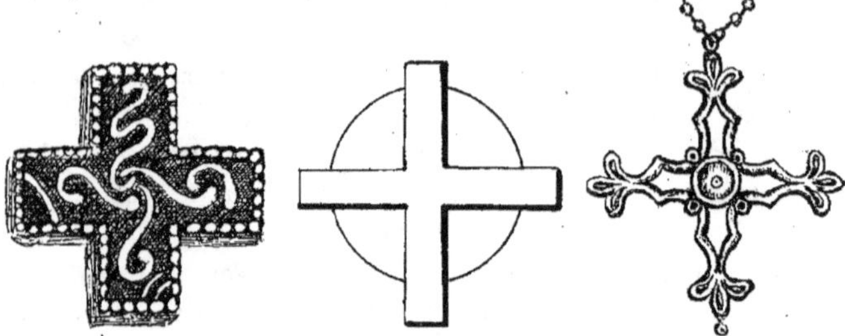

Fig. 29. — Croix d'Agamemnon. (Schliemann, *Mycènes*, p. 274.)

Fig. 30. — Croix d'un des Sept chefs devant Thèbes. (*Gentleman's Magazine*, 1863.)

Fig. 31. —Croix des brenns gaulois. (*Musée de S.-Germain.*)

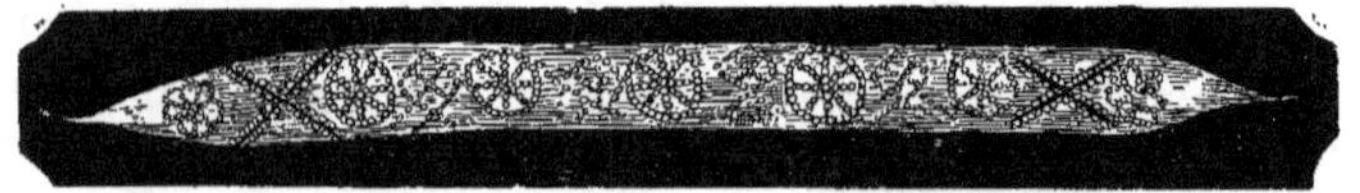

Fig. 32. — Diadème des princesses troyennes. (Schliemann, *Mycènes*.)

Fig. 33. — Andromaque ornée du diadème.

Fig. 34. — Enfant jouant avec un chien et une tortue. (Daremberg et Saglio.)

La croix d'or trouvée par Schliemann à Mycènes, dans le tombeau qu'il suppose être celui d'Agamemnon, croix que, selon toute vraisemblance, « le roi des rois » portait au siège de Troie, est une croix grecque.

(*Fig.* 29.) Les croix des *Chefs devant Thèbes* (*fig.* 30), de Téglath-Phalasar, d'Assur-Nasir-Habal, des brenns gaulois (*fig.* 31) sont aussi des croix grecques. Celles de Samsi-Toul et de Sennachérib sont des croix de Malte.

Le diadème d'Andromaque et des princesses troyennes était décoré de deux croix de Saint-André. (*Fig.* 32 *et fig.* 33.) Ce sont des croix grecques qui ornaient la robe de Briséis, de Nausicaa, etc.

L'enfant jouant avec un chien, publié par Saglio, a plusieurs swastikas sur son manteau [1]. (*Fig.* 34.)

« Ces croix, de formes diverses, dit Waring, nous montrent ainsi les variations d'un symbole de la divinité, de la sainteté, de la vie éternelle et de la bénédiction, très anciennement et très largement répandu chez les païens, et dont on peut suivre la trace, à partir de l'est, dans tous les pays de l'Europe, celtiques et gothiques [2]. »

Reste à expliquer comment la croix en T et la croix latine, qui étaient incontestablement des croix patibulaires, pouvaient, avec leurs variantes, la croix grecque, la croix de Malte, la croix de Saint-André, etc., être le symbole de la divinité, de la sainteté, de la vie éternelle et de la bénédiction, très anciennement et très largement répandu chez les païens de tous les temps et de tous les pays.

Nous tenons les deux bouts de la chaîne : l'infamie et la gloire religieuse de la croix ; où sont les anneaux intermédiaires ? Les hommes des premiers jours auraient-ils donc su que la croix devait être l'instrument du salut du monde ?

C'est la pensée de Mgr Gaume, dans le *Signe de la croix au dix-neuvième siècle*, ouvrage revêtu de la plus haute des approbations, et dont le cardinal Altieri, préfet de la Congrégation de l'Index, félicitait l'auteur en ces termes : « Par la publication de votre admirable ouvrage sur le *Signe de la croix*, vous avez rendu un nouveau et très signalé service à la cause de l'Église de Jésus-Christ [3]. »

« La Providence, dit le savant prélat, n'a pas voulu que l'homme ignorât la condition nécessaire du succès dans la prière : prier les bras en croix, devenir un signe de croix vivant. » — « *Pas plus que le souvenir de sa chute et l'espérance de sa rédemption, l'homme n'a*

1. Daremberg et Saglio, au mot *Bestiæ mansuetæ*.
2. Waring, *Ceramic Art.*
3. Lettre du cardinal Altieri, préfet de la Sacrée Congrégation de l'Index, à Mgr Gaume, protonotaire apostolique. Rome, le 7 août 1863.

perdu la connaissance de l'instrument rédempteur. De là l'existence et la pratique, sous une forme ou sous une autre, du signe de la croix, en priant, chez tous les peuples, depuis l'origine des siècles jusqu'à nos jours [1]. »

Un vieil, auteur qui a écrit l'histoire de Notre-Dame de Chartres, où la Vierge noire était, dit-on, honorée par les druides, pense que les Gaulois, en particulier, n'ignoraient pas que la croix serait l'instrument de la rédemption du monde.

Une coutume gauloise ne lui laisse aucun doute sur ce point. Pour adorer le Dieu du ciel dans les forêts sacrées qui leur servaient de temples, les druides choisissaient de préférence le chêne. Ils en coupaient les branches inférieures, puis, arrivés près du sommet de l'arbre, ils attachaient au tronc les plus beaux rameaux, qui s'étendaient alors horizontalement, comme les bras d'une croix gigantesque. Cette croix fut longtemps pour les Gaulois le symbole divin par excellence : c'est au pied de cette croix sylvestre qu'ils immolaient les coupables. « Sur l'inspiration divine qu'ils avaient que le Fils de la Vierge souffrirait mort en la croix pour les faultes des hommes, eux qui adoraient la croix sous la figure du chêne, pour punir le péché qui serait cause de la mort de ce Fils unique de Dieu, faisaient mourir les malfaicteurs au pied de leurs dicts chênes, figures de la croix. Qu'est-ce qu'a voulu dire Lucain, au IIIe livre de la *Pharsale,* qu'il n'y avait pied d'arbre dans la forêt sacrée des Gaulois qui ne fût arrosé de sang humain [2]. Car c'est qu'ils punissaient le maléfice au pied de l'arbre destiné à l'expier par le sang du Messie [3]. »

Quoi qu'il en soit, le problème de la croix préchrétienne est posé. Né d'hier, il grandit et se dresse devant l'archéologie, point d'interrogation formidable.

A l'heure présente, la science, fière de tant de découvertes accomplies en notre siècle, ressemble au Sphinx du panthéon de Champollion, qui, accroupi près des hypogées, tête humaine et corps de lion, plein de force et de pensées, bercé par ce grand bruit d'ailes de l'*uræus,* se trouve en face de la croix ansée. (*Fig.* 35.) Lui, qui proposa

---

1. Mgr Gaume, *le Signe de la Croix au dix-neuvième siècle.* Dixième lettre, p. 145. Les païens reconnaissaient une puissance mystérieuse au signe de la croix. D'où leur venait cette croyance ?

2. *Omnis et humanis lustrata cruoribus arbor.*

3. *Parthénie,* ou *Histoire de la très auguste et très dévote église de Chartres, dédiée par les vieux druides en l'honneur de la Vierge qui enfanterait,* par Sébastian Rouillard, MDCIX.

tant d'énigmes, le voilà sur la sellette à son tour; d'un œil profond, il regarde, il interroge, il scrute le mystère de cette croix préchrétienne, qu'une divinité tient levée devant lui; il cherche le mot de l'énigme. L'énigme est indéchiffrable à la science seule : c'est le christianisme qui en a la clef.

Fig. 35.

CHAPITRE V

L'ADORATION DE LA CROIX

Les anciens, qui regardaient la croix comme le signe de vie et de salut, comme le symbole de l'unité de Dieu et, selon plusieurs archéologues, comme le symbole de la Trinité, n'allaient-ils pas encore plus loin ? N'avaient-ils pas voué à la croix un culte d'adoration ?

Lorsque, dans l'Église catholique, nous nous servons de ces mots : *Adoration de la Croix,* nous les appliquons, non pas à la croix elle-même, mais au Sauveur attaché à la croix; en réalité, c'est Jésus-Christ que nous adorons, non le bois sur lequel il est mort. Les anciens ne pouvaient pas l'entendre ainsi.

« Pour ce qui est des idolâtres, dit Roselly de Lorgues, certainement, en figurant des croix, les Égyptiens et les Américains ne savaient pas qu'un jour le Verbe divin s'incarnerait et, cloué sur cet arbre de douleur, le transformerait en arbre de salut, en ferait la clef qui ouvre les cieux et ferme le puits de l'abîme ; mais, sans relier logiquement à la croix la tradition générale touchant le Sauveur attendu, ils honoraient diversement ce signe, à savoir : les prêtres, brahmanes, druides, gymnosophistes, initiés, lettrés, etc., à cause de sa valeur scientifique et mystique ; le peuple, par suite d'une coutume des ancêtres, qu'il observait sans avoir la prétention d'en expliquer l'origine [1]. »

Quels qu'aient été les motifs des anciens pour honorer la croix, y a-t-il, sur les monuments qu'ils nous ont laissés, des scènes religieuses que l'on appelle l'Adoration de la croix ?

C'est la question que nous allons examiner, à la suite des historiens, des archéologues et des voyageurs. Nous recueillerons leurs découvertes, nous citerons leurs témoignages relativement à l'adoration de la croix dans l'ancien et le nouveau continent, avant la prédication de l'Évangile.

---

1. Roselly de Lorgues, *la Croix dans les deux Mondes,* p. 188.

L'ADORATION DE LA CROIX EN ÉGYPTE

Commençons nos recherches par l'Égypte, qui semble l'aînée des nations, puisque, « à l'époque où la plupart des peuples qui devaient plus tard remplir l'histoire de leur nom n'étaient encore que des tribus barbares, et où les chronologistes avaient coutume de placer les origines de l'humanité, nous rencontrons déjà sur les rives du Nil une grande nation, d'immenses cités, des armées redoutables, de savantes écoles, en un mot, une civilisation dont la grandeur et l'éclat rappellent les plus beaux jours de la Grèce et de Rome[1] ».

LA CROIX SUR UN AUTEL ÉGYPTIEN

Dans son ouvrage sur *le Triomphe de la Croix*, Jacques Bosio intitule ainsi le chapitre ix du livre V :

« D'un hiéroglyphe égyptien où l'on ne voit pas seulement la croix, mais, d'une certaine manière, l'adoration de la croix. Peut-être même y a-t-on préfiguré les sacrements que le Christ Seigneur a établis par la vertu de son sang, et dont l'administration dans l'Église catholique n'a lieu que par le signe de la croix. »

Voici l'interprétation qu'en donne hardiment l'archéologue chrétien :

« Les symboles et les figures de la sainte croix que nous avons vus jusqu'ici sur les idoles des Égyptiens sont sans doute dignes d'admiration ; mais, à mon avis du moins, ils sont loin d'égaler un hiéroglyphe gravé en plusieurs endroits d'une très ancienne table hiéroglyphique qui appartint d'abord au cardinal Bembo, et qui est aujourd'hui la propriété du duc de Mantoue. Personne, que je sache, n'en a encore parlé, bien qu'il soit le plus digne d'attention parmi toutes les figures de cette table célèbre. Nous avons jugé utile de le publier ici, pour l'intelligence de ce que nous en allons dire.

« La sainte croix, sous la forme la plus répandue dans la sainte Église, la croix latine, se voit au sommet d'un vase qui est élevé sur un autel, et d'où un liquide coule abondamment comme d'une fontaine. Est-il permis de voir ici une allusion au sang et à l'eau qui sortirent du côté de Notre Seigneur Jésus-Christ, lorsque, sur l'autel de la

1. Ancessi, *l'Égypte et Moïse*. Introduction, p. 9.

croix, son cœur fut ouvert et transpercé par la lance du soldat ?
Ce liquide est reçu dans deux tasses, munies d'aspersoirs assez semblables à ceux qui servent aux prêtres dans les églises pour l'asper-
sion de l'eau bénite ; comme pour signifier que c'est du sang et de
l'eau sortis du côté de Jésus-Christ que tous les sacrements et les
sacramentaux de la sainte Église tirent leur origine ; c'est au signe
de la croix qu'ils doivent leur vertu ; sans ce signe sacré ils n'exis-
teraient pas. (*Fig.* 36.)

Fig. 36. — La Croix sur un autel en Égypte.

« Dans la figure hiéroglyphique citée plus haut, la croix surmonte
un vase ou une fontaine. Ce vase (si toutefois il est permis de
parler ainsi) semble préfigurer le Sauveur crucifié, qui est la vraie
source de vie et de salut, selon cette parole du prophète : *En vous
est la source de la vie.*

« Les sacrements de la sainte Église qui sortirent du côté de
notre Rédempteur, et surtout le baptême, y sont aussi représentés.

« L'ensemble de cet hiéroglyphe est comme une prophétie annon-
çant, non en paroles, mais par des images, que les anciens Égyptiens devaient abandonner les superstitions d'une honteuse idolâtrie
pour venir à la lumière de la foi et au saint baptême. C'est pourquoi
les Égyptiens sont à genoux, adorant la sainte croix ; ils la portent
dans leurs mains avec leur vase, et semblent recourir à la sainte Église
afin d'être purifiés. »

LA CROIX D'ATEN-RÉ, LE DIEU DU SOLEIL

L'adoration de la croix en Égypte n'est pas seulement représentée sur la célèbre table de Bembo ; des archéologues pensent la retrouver aussi dans un curieux bas-relief, publié par Prisse d'Avennes. (*Fig.* 37.)

Vers la fin de la dix-huitième dynastie, Aménophis IV entreprit de modifier la croyance primitive et proposa le soleil, image éclatante du Dieu créateur et vivificateur du monde, à l'adoration des peuples. Mais la foi antique, habituée à ne reconnaître d'autre symbole de la Divinité que la croix, n'abdiqua pas pour cela devant la religion nouvelle ; on attacha la croix au disque et aux rayons du nouveau dieu.

Fig. 37. — La Croix au disque et aux rayons du Soleil.

C'est ainsi du moins que plusieurs archéologues interprètent ce bas-relief mystérieux.

La scène, d'après certains livrets, représente la double image du pharaon Bakh, un des successeurs d'Aménophis, l'encensoir à la main devant Aten-ré, le dieu du soleil. L'astre du jour ne laisse voir de son disque lumineux qu'un mince croissant : on dirait un collier auquel est suspendue par l'anneau une belle croix ansée. L'irradiation du soleil est figurée au moyen de lignes divergentes, terminées par des mains qui tiennent soit le sceptre à tête d'ibis, soit la croix ansée. En sorte qu'on peut se demander si le pharaon brûle l'encens en l'honneur du soleil presque invisible, ou s'il n'offre pas plutôt son adoration à la croix, qui semble le motif principal de ce merveilleux bas-relief[1].

1. Prisse d'Avennes, *Histoire de l'art égyptien*, p. 26.

L'ADORATION DE LA CROIX AU CAUCASE

Roselly de Lorgues signale d'autres croix qui sont, chez les peuplades musulmanes du Caucase, l'objet d'un culte, malgré l'horreur du Coran pour la croix chrétienne, et dont l'origine remonterait soit au paganisme, soit à la religion primitive.

« Sur les hauts plateaux de l'Asie, le sol le plus anciennement cultivé, le tau n'est pas oublié ; le nom même de la divinité visible qu'on y adore, l'immortel Lama, exprime l'idée de la croix ; et, aujourd'hui encore, la croix brisée brille sur la façade des temples de ses États.

On ne peut, après des significations aussi claires que celle du tau, nier que l'idée confuse de l'importance de ce symbole n'ait, en plus d'un lieu, précédé la prédication de la croix. Même aujourd'hui, des peuples du Caucase vénèrent la croix avec des rites bien antérieurs au christianisme. Malgré le Coran et sa proscription de toute figure idolâtrique, près d'Aguïa subsiste l'usage d'un sacrifice sanglant fait à la croix. Vers la partie de la Circassie qui avoisine Sukum-Kalèh, il existe nombre de croix suspendues à des arbres séculaires. Le culte sanglant dont elles sont l'objet, l'encadrement en fer, la configuration de la chaîne et des crochets y adhérant, décèlent une origine antérieure au christianisme, bien que le voyageur Bell ne l'ait point su reconnaître[1]. »

L'ADORATION DE LA CROIX EN CHINE

LA CROIX D'UN HIÉROGLYPHE CHINOIS

SIGNIFIANT LE *TA-TSIN*, LA GRANDE CHINE

De tous les peuples anciens, aucun peut-être n'a su garder intactes un aussi grand nombre des vérités primitivement révélées aux hommes que le peuple chinois. Dans des livres qui passent pour les plus anciens monuments profanes de l'antiquité, on retrouve presque tous

---

1. Roselly de Lorgues, *la Croix dans les deux Mondes*, p. 173.

les dogmes essentiels et toutes les prescriptions morales du « christianisme primitif », comme parle Mgr Gerbet.

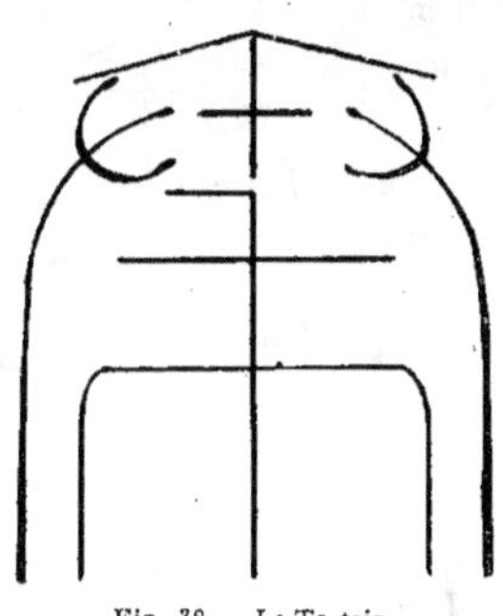

Fig. 38. — Le Ta-tsin.

Nous empruntons à l'ouvrage du P. de Prémare : *Vestiges des principaux dogmes chrétiens tirés des anciens livres chinois*, traduit et annoté par Bonnetty, l'étude de M. de Paravey sur un ancien hiéroglyphe chinois où la croix semble un objet d'adoration. Cette étude a pour titre : *Dissertation abrégée sur le nom antique et hiéroglyphique de la Judée*, ou *Traditions conservées en Chine sur l'ancien pays de* Tsin, *qui fut celui de la Croix.*

« Le dictionnaire *Kang-hi-tse-tien,* composé par l'ordre et sous la direction du fameux empereur Kang-hi (1662-1723), après avoir mentionné que la Chine porte le nom de *Tsin*, s'exprime ainsi :

« De plus, les traditions disent : le *Ta-tsin* est situé à l'ouest de la mer ; on l'appelle aussi royaume de Hay-sy. Les hommes y sont forts, de haute stature, d'un caractère bon et paisible ; ils sont de la race du royaume du Milieu (ou de la Chine). C'est pourquoi on les nomme *Ta-tsin* (Grands Sins).

« Il s'agissait de savoir quel était ce peuple *Ta-tsin.* On l'apprend dans le texte suivant, extrait du *San-tsay-tou-hoei* ou Encyclopédie chinoise :

« Le *Ta-tsin-koue*, ou royaume de *Ta-tsin*, est le rendez-vous des marchands, qui y viennent en foule des contrées occidentales.

« Son roi, lorsqu'il sacrifie ou paraît en public, a la tête entourée d'une bande de soie unie où sont brodées des lettres d'or.

« On y trouve en abondance du corail, des étoffes de soie brochées de fleurs d'or (c'est-à-dire des étoffes de Damas), des toiles fines, des perles et autres choses précieuses, servant sans doute, comme les perles, à la parure.

« Les détails donnés ici conviennent parfaitement à la Syrie ou à la Judée, dont le grand prêtre portait sur le front en lettres d'or les mots sacrés : *Saint à Jéhovah.*

« M. de Paravey, pour confirmer cette synonymie, a dépeint un de ces *Changs*, ou marchands, qui portaient en Chine le corail de la Phénicie et de la mer Rouge.

« Quant aux étoffes de soie et aux perles précieuses, on sait assez, par la description qu'en fait Ézéchiel, combien la ville de Tyr et la Phénicie en étaient abondamment pourvues.

« Les dictionnaires chinois donnent la forme antique du nom du pays de *Tsin*. C'est l'hiéroglyphe, où se voient :

« Le ciel ou le grand comble.

« La croix.

« Le bois dont cette croix est formée.

« Deux mains qui invoquent la croix.

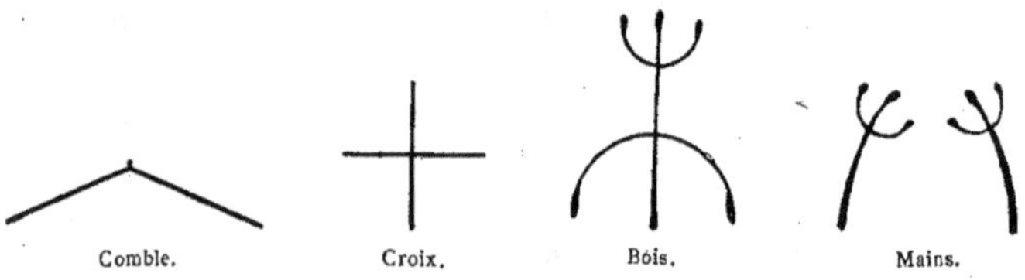

Comble.   Croix.   Bois.   Mains.

« Tels sont les symboles choisis pour désigner la *Syrie* ou la *Judée*, cette terre où se sont accomplis de si grands événements. Qui nous dira pour quel motif les inventeurs de l'écriture chinoise ont ainsi choisi et groupé ces symboles? C'est aux missionnaires chrétiens à le demander aux mandarins.

« Mais, en attendant, on doit convenir qu'on ne saurait mieux constater l'unité d'origine des *Tsin* de la Chine et des *Tsin* de la Judée, ou de Syrie, ou d'Assyrie. Aussi, lorsqu'en 781 les Nestoriens gravèrent la grande et célèbre inscription chrétienne de *Si-ngan-fou*, ils n'hésitèrent pas à dire que le Messie était né dans le *Ta-tsin*. « Une « vierge, y est-il dit, enfanta le Saint dans le *Ta-tsin*[1]. »

De cette savante dissertation sur l'unité d'origine des Chinois (Sères) et des Syriens, un point appelle surtout notre attention. Dans l'antique hiéroglyphe du nom du pays de *Tsin*, on voit sous le ciel une croix vers laquelle deux mains s'élèvent, dans un geste de prière ou d'adoration.

---

1. *Vestiges des principaux dogmes chrétiens tirés des anciens livres chinois,* par le P. de Prémare, p. 399-401.

LA CROIX DE FER DU TA-OUANG-MIAO

En Chine, l'adoration de la croix se retrouve encore ailleurs. Mgr Rouger, évêque de Cissame, vicaire apostolique du Kiang-si méridional,

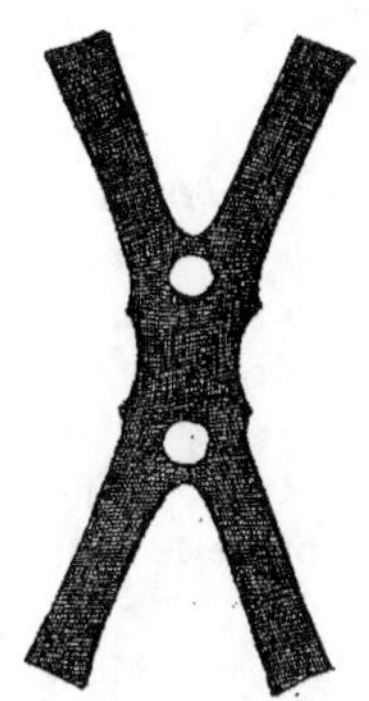

Fig. 39. — La croix de fer du Ta-ouang-miao. (Mgr Rouger, *Missions catholiques*, nov. 1886.)

a signalé aux *Missions catholiques* une croix de fer, en forme de croix de Saint-André, adorée encore aujourd'hui par les païens chinois, dans une pagode de *Ki-ngan-fou*, que l'on appelle le *Ta-ouang-miao*, ou le « Temple du grand Roi[1] ». (*Fig.* 39.)

Le vénérable évêque, qui ne soupçonne pas l'existence des croix préchrétiennes, et même regarde comme impossible que la croix ait été honorée avant Jésus-Christ, fait naturellement remonter l'origine de celle-ci aussi loin qu'il le peut dans les siècles chrétiens ; il l'attribuerait volontiers à saint Thomas. Il oublie que saint Thomas, même si l'on admettait qu'il ait évangélisé la Chine et trouvé dans ce pays étranger, inconnu, ennemi, le loisir de bâtir un temple à la croix, n'aurait jamais pensé à la croix de Saint-André. Le frère de saint Pierre n'avait peut-être pas encore souffert le martyre, et quand il aurait été déjà crucifié, ce n'est pas la croix de Saint-André que l'apôtre aurait choisie pour l'offrir à la vénération des fidèles, c'est la croix de Jésus-Christ.

Cette considération suffirait pour incliner à croire que la croix de fer du *Ta-ouang-miao* n'est pas une croix chrétienne. Il y a d'autres raisons, tirées de l'étude même publiée par le savant prélat.

« Une grande croix de fer, dit Mgr Rouger, dans la forme des croix dites de Saint-André, appelée *Cheu-tse-poussah*, c'est-à-dire « croix-divinité » ou « croix-idole », est l'objet d'une grande vénération de la part de tous nos Kiang-sinois païens, qui viennent lui rendre leurs hommages dans une pagode fameuse, connue sous le nom de *Ta-ouang-miao*, « Temple du grand Roi ».

« 1° Quel est ce *Ta-ouang?* Les Chinois n'ont, que je sache, aucun poussah de ce nom ; ils ne savent pas ce que c'est que ce grand roi. Ne serait-ce donc pas notre grand Roi : *Rex regum, rex super omnes reges*, notre Seigneur des seigneurs : *Dominus dominantium ?* »

1. Lettre de Mgr Rouger, 12 novembre 1886.

Nous ajoutons : Ne serait-ce pas le Roi Sauveur promis à l'humanité au lendemain de la chute originelle, et qui, selon la prophétie du patriarche Jacob, devait être *l'attente des nations*[1] ? celui dont les anciens Chinois disaient : « Attendons notre Roi; quand il sera venu, il nous délivrera de tous les maux; » — « Lorsqu'il sera présent, nous ressusciterons à une nouvelle vie[2]; » celui que les monnaies de l'Inde appellent *le grand Sauveur, Roi des rois*, et représentent une croix à la main[3]; celui qui, selon une antique et invariable tradition, répandue dans tout l'Orient, devait *sortir de la Judée pour s'emparer de l'empire du monde*[4]; celui que la Gaule attendait comme le *vengeur* et le *roi* du genre humain[5]; celui dont la sibylle, au témoignage de Cicéron, disait aux Romains : « Le Roi seul vous donnera le salut[6]; » celui dont Virgile chantait le prochain avènement, et qui devait gouverner l'univers dans la paix[7]; celui dont on disait publiquement à Rome, quelques années avant sa naissance : « La nature en travail enfante le Roi du peuple romain[8] ? »

N'est-ce pas le Roi dont l'ange Gabriel dira à la Vierge Marie : *Il sera grand, on l'appellera le Fils du Très-Haut, et il régnera sur la maison de Jacob éternellement*[9]; le Roi que chercheront les Mages, sur la foi d'une étoile prophétique; le Roi à qui le Romain Ponce-Pilate adressera, inquiet, cette parole : *Donc vous êtes le Roi*, et qui répondra : *Vous l'avez dit, je suis le Roi*[10]; le Roi Sauveur enfin, qui meurt sur la croix, couronné d'épines; qui viendra juger les vivants et les morts, et dont le règne n'aura point de fin : *Cujus regni non erit finis?*

2° Le *Ta-ouang-miao* fut-il d'abord une église chrétienne? « J'ai interrogé sur l'origine de cette pagode, dit Mgr Rouger, nos prêtres chinois et nos lettrés chrétiens. Ils sont tous convaincus que notre pagode de la Croix était jadis un temple chrétien. « D'abord, disent-ils, il est très

---

1. *Genèse*, chap. XLIX, v. 10.

2. *Chou-king*, liv. II, chap. II, n° 6, cité par le P. Prémare, *Vestiges des dogmes chrétiens*, p. 202.

3. Wilson, *Ariana antiqua*, Londres, 1841.

4. Tacite, *Histoires*, liv. V, chap. XIII. — Suétone, *Vie de Vespasien*, chap. IV.

5. Suétone, *Vie de Galba*, chap. IX.

6. Cicéron, *De la divination*, liv. II, chap. LIV.

7. Virgile, *Églogue* IV.

8. Suétone, *Vie d'Octave-Auguste*, chap. XCIV.

9. *Évangile selon saint Luc*, chap. I, v. 32.

10. *Évangile selon saint Jean*, chap. XVIII, v. 37.

« certain qu'avant la révolution des Tchang-han (rebelles), il n'y avait
« aucun poussah (aucune idole) au *Ta-ouang-miao;* on n'y venait donc
« que pour adorer la croix. » Or qu'est-ce qu'un temple où il n'y a
pas d'idole et où l'on ne vient que pour adorer la croix, sinon un
temple chrétien ? »

Si un temple sans idole était par cela seul une église chrétienne,
il faudrait reconnaître qu'il y a eu un grand nombre d'églises chrétiennes avant Jésus-Christ. Les murs de la grande pyramide, les murs
du temple du Sphinx, sont nus; ils n'offrent pas la moindre trace
d'idolâtrie. Il en fut de même des premiers temples de l'Inde. Rome,
à son tour, pendant près de deux siècles, n'ouvrit ses temples à aucun
simulacre[1], et le sanctuaire de Vesta n'en connut jamais[2]. Le culte que
les Gaulois rendaient à la croix dans leurs bois sacrés en excluait
toute idolâtrie[3]. Est-ce une raison pour regarder les forêts des Gaules,
les temples antiques de l'Inde, de l'Égypte et de Rome, comme des
églises chrétiennes ? Le *Ta-ouang-miao* peut être un de ces temples
primitifs où les idoles étaient inconnues, précisément parce qu'on y
rendait un culte à la croix. « La croix, dit M. G. de Mortillet, a été,
dans la haute antiquité, bien longtemps avant la venue de Jésus-
Christ, l'emblème d'une secte religieuse qui repoussait l'idolâtrie[4]. »

Le nom païen du temple, qui étonne le pieux missionnaire, s'ex-
plique ainsi tout naturellement. « D'où vient, demande-t-il, cette
appellation singulière de *Ta-ouang-miao,* au lieu du vocable chrétien
authentique *Tien-tou-tang?* » A notre point de vue, la réponse est
facile. La pagode chinoise ne porte pas un nom chrétien, parce qu'elle
n'a jamais été une église chrétienne.

3° « Et cette croix, reprend Mgr Rouger, cette grande croix de fer,
qu'en faut-il donc penser? Nous avons souvent cherché à la voir de
près, pour avoir des données certaines sur son origine et sur l'époque
à laquelle elle se rapporte. Nous n'y avons jamais pu découvrir aucun
caractère lisible. Néanmoins, nous savons, par des livres très anciens,
que ce monument vénérable remonte à la plus haute antiquité.

« Le *Chen-che-thou-miao* (*De Rebus supramundanis familiaris sermo*),
édité depuis bientôt un siècle par les missionnaires, le fait remonter au

---

1. Saint Augustin, *De la Cité de Dieu,* liv. IV, chap. xxxi.
2. Ovide, *Fastes.*
3. Sébastien Rouillard.
4. *Le Signe de la croix avant le Christianisme,* par Gabriel de Mortillet, p. 174.

temps de l'empereur *Tche-ou*, peu avant, ou peu après, ou pendant l'apostolat en Chine de saint Thomas.

« Enfin, les inscriptions chrétiennes qui encadrent la croix de fer glorifient manifestement le mystère de notre rédemption par la croix. Au reste, des légendes nombreuses décorent tout l'intérieur de la pagode. Or toutes, bien que altérées quelque peu par l'ignorance, la mauvaise foi, ou je ne sais par quelle autre cause, se rapportent incontestablement à la croix. »

En sorte qu'on pourrait donner à cette pagode chinoise, aussi bien qu'au temple mexicain de Palenque, le nom de *Temple de la Croix*.

S'ensuit-il que cette croix soit une croix chrétienne ? La croix de fer du *Ta-ouang-miao* se trouve dans la pagode, en compagnie d'une idole. Elle est protégée contre les regards des chrétiens par un riche voile de soie, qu'on lève à certains jours de fête, pour la présenter à l'adoration des païens. A droite et à gauche de la croix pendent deux cartouches, où sont écrits en lettres d'or des vers qui ne s'adressent certainement pas à la croix du Calvaire. On lit dans le cartouche de droite : « Tous les peuples, reconnaissants d'un tel bienfait, offrent dans un encensoir d'or les suaves parfums des mille fleurs du printemps. » Le cartouche de gauche porte : « Les quatre mers tressaillent de joie ; car la lumière de la croix de fer a répandu la paix sur les flots[1]. »

Depuis que cette croix existe, rien n'a pu interrompre le culte qu'on lui rend, pas même la destruction de la pagode. Gisante sur le sol pendant de longues années, exposée à toutes les intempéries des saisons, souillée de boue et rongée par la rouille, la croix de fer a toujours vu les Chinois venir la prier, se prosterner devant elle et lui immoler des victimes. Et aujourd'hui que la croix a repris dans la nouvelle pagode la place qu'elle occupait dans l'ancienne, les barques, en descendant le fleuve, ne manquent pas de s'arrêter devant le *Ta-ouang-miao*. On salue, les fusées partent, on bat du tam-tam, et l'on offre solennellement des sacrifices en l'honneur de la croix de fer. Rien dans tout cela qui sente le christianisme. Au contraire, ces sacrifices offerts à la croix, sa haute antiquité qui se perd dans la nuit des temps, les vers écrits sur les cartouches, les célèbres poèmes païens qui chantent les gloires de la croix de fer, ce voile qui la dérobe aux

1. Ces détails et ceux qui suivent sur le culte rendu à la croix de fer nous ont été donnés de vive voix par notre saint ami Mgr Rouger, quelques jours avant sa mort, à Saint-Lazare.

regards des chrétiens, la haine dont les Chinois, tout en vénérant cette croix, ont si longtemps poursuivi et poursuivent encore les prédicateurs de l'Évangile, l'idole que les païens modernes associent à la croix, tout semble s'opposer à ce qu'on attribue à la croix de fer du Ta-ouang-miao une origine chrétienne.

DEUX AUTRES CROIX DE FER, TROUVÉES A NANKIN

Les *Études religieuses* ont publié récemment[1] un article intitulé : *Sur trois X trouvées en Chine*, où le P. Gaillard, tout en reconnaissant « le caractère négatif, mal assuré et provisoire de ses conclu-

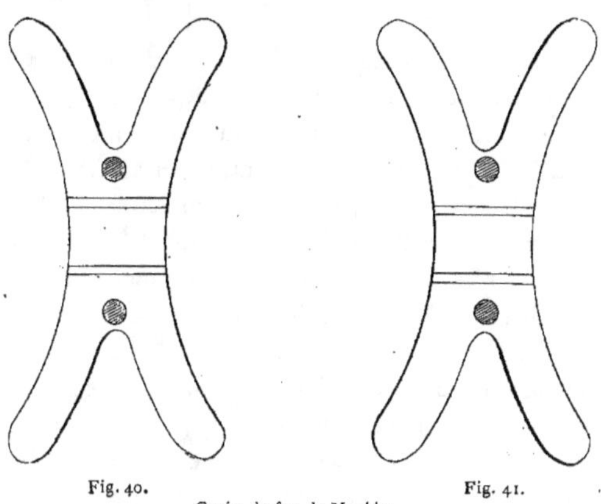

Fig. 40.

Croix de fer de Nankin.

Fig. 41.

sions », admet cependant que ces X, auxquels le peuple attribue une origine céleste, sont des croix, et des croix non chrétiennes. Il a vu les deux nouveaux monuments, et il les juge identiques à celui que Mgr Rouger appelle la croix de fer du *Ta-ouang-miao*. (*Fig. 40 et fig. 41.*)

Le premier est dans un cimetière, au bas de l'éminence de *Yéchan*, à Nankin. Il est long de 2 m. 02, large de 0 m. 45 au centre, et de 0 m. 88 aux extrémités. Sa hauteur ou épaisseur est de 0 m. 30 au milieu. Deux espèces de rails transversaux en relief s'élèvent dans la partie moyenne, accompagnés de deux trous qui sont percés de part en part. Son poids peut atteindre à plusieurs milliers de kilogrammes.

Le second X se voit, à demi enseveli sous l'herbe, dans la pagode en

1. Octobre 1893.

ruines de *Ling-kou-se,* à une lieue de Nankin. Ce monument est tout à fait semblable à l'autre, sauf que le module est un peu inférieur; il est visiblement fondu pour la même destination, sur le même plan, et il a dû remplir la même fonction.

Pour déterminer l'origine et le but de ces deux ✕, le savant missionnaire est dans un grand embarras. D'après des chroniques, des poèmes et des cantiques chinois, cette sorte de ✕ pourrait provenir d'une tour en fer, où elle aurait joué le rôle d'armature intérieure ; peut-être cette énorme masse de fer était-elle, malgré son poids, une espèce d'ancre que l'on plongeait dans le fleuve pour fixer les lourdes jonques de guerre, ou bien une machine employée, dans un chantier de bois, à retenir les radeaux.

Le P. Gaillard rapporte ces diverses opinions, sans les partager. Ces ✕ ne lui semblent pas avoir servi à des usages profanes. Il y voit des monuments religieux, surtout à cause du culte si spécial rendu à celui du *Kiang-si,* auquel les deux autres ressemblent absolument.

« S'il est l'objet d'un culte bien déterminé, si les Chinois lui assignent un pouvoir surnaturel, un rôle prophylactique, les deux ✕ de Nankin, considérées également comme deux objets mi-sacrés, mi-profanes, sont dans le même cas, bien que la vénération qu'on leur a vouée se maintienne dans des limites plus restreintes et se trahisse maintenant par des pratiques rituelles moins accusées.

« La seule conclusion, positive en quelque sorte, que nous ayons réussi à établir, est, sauf meilleur avis et avec le plus de déférence possible pour les vues de nos contradicteurs, que ces trois instruments en ✕ n'ont aucun rapport avec le christianisme des anciens Chinois. Ils sont donc actuellement de ressource bien chétive pour l'apologétique chrétienne ! Tout au plus pourrait-on s'aventurer à présenter le culte rendu à celui du *Kiang-si* comme une trace douteuse, une preuve hypothétique, un vestige un peu fruste, de la vénération dont la croix fut certainement l'objet en plusieurs provinces de la vieille Chine.

« Si les anciens chrétiens avaient prétendu former vraiment une croix, ils lui auraient donné une forme plus décidément cruciale, un galbe plus résolument *cruciforme,* en *croisant* les deux traverses à angles droits, en les élargissant peut-être à leurs extrémités, comme dans la croix de Malte de l'inscription de *Si-ngan-fou* et celles trouvées au *Fou-kien.* La croix de *Si-ngan-fou* formant un précédent fort notoire, on ne peut apporter aucune raison qui autorise l'idée d'une dissimulation ni même de l'adaptation d'un type au symbole préexistant. » (P. 236-237.)

L'auteur entrevoit que de nouvelles découvertes pourront prouver le mal fondé de son hypothèse d'aujourd'hui, et il fait ces réflexions, dont nous sentons vivement nous-même toute la justesse : « C'est le sort ingrat des pionniers d'avant-garde dans une voie peu frayée jusque-là : la poursuite désintéressée du vrai, sinon sa conquête, est le souci obligé du chercheur, dût-il se meurtrir aux aspérités de la route et y laisser en lambeaux 'sa gloriole de critique. »

Il exprime « le regret d'avoir eu à combattre d'aussi nobles contradicteurs, présents et passés, en travaillant à ruiner une thèse pleine d'honneur, à première vue, pour notre foi chrétienne ».

L'honneur de notre foi serait-il vraiment amoindri parce que le culte de la croix, au lieu de ne commencer que le lendemain du Golgotha, remonterait plus haut, et enfoncerait ses racines jusque dans les profondeurs de l'antiquité préchrétienne? Ne pourrait-on pas dire, avec John Kesson, cité par le P. Gaillard : « Une croix n'est pas nécessairement un reste de christianisme, surtout s'il est vrai, comme nous l'avons lu, que les Chinois avaient une croix sur leurs monnaies avant le crucifiement, et adoraient la croix avant que la croix expiatrice ait été élevée sur le Calvaire. »

L'ADORATION DE LA CROIX EN AMÉRIQUE

La question de l'adoration de la croix préchrétienne en Amérique, si longtemps controversée parmi les archéologues, semble aujourd'hui résolue.

On disait : Il n'y avait pas de croix en Amérique avant l'arrivée des Espagnols ; les croix dont on a tant parlé sont des contes de moines.

Si les Espagnols ont en effet trouvé des croix en Amérique, ces croix ne peuvent avoir qu'une origine chrétienne ; elles viennent des Islandais, ou des Nestoriens, ou peut-être de saint Thomas ; ce sont des croix de mission.

Au reste, quelle que soit l'origine de la croix en Amérique, elle ne fut jamais, en dehors du christianisme, l'objet d'un culte ; on ne voit nulle trace de l'adoration de la croix par les Toltèques, les Aztèques ou autres anciens habitants du Mexique.

Les archéologues avaient donc à examiner :

1° S'il existait des croix en Amérique avant la conquête ;

2" Quelle peut être l'origine de ces croix ;

3° Si la croix était un objet d'adoration pour les indigènes païens.

C'est ce qu'ont fait le capitaine Dupaix, Alexandre de Humboldt, Auguste Bedin, Maler, Désiré Charnay, le marquis de Nadaillac, de la Rochefoucauld, le Dr Jousset, la *Revue d'Édimbourg*.

LA CROIX AVANT CHRISTOPHE COLOMB

« Les croix, dit Alexandre de Humboldt, qui ont tant excité la curiosité des *conquistadores* à Cozumel, à Yucatan et dans d'autres contrées de l'Amérique, ne sont pas des contes de moines, et méritent, comme tout ce qui a rapport au culte des peuples indigènes du Nouveau Continent, un examen plus sérieux[1]. »

Après le témoignage du savant auteur de l'*Examen critique de l'Histoire et de la Géographie du Nouveau Continent*, voici celui d'un autre écrivain protestant, hostile au culte de la croix, mais à qui l'évidence arrache ces aveux :

« Les missionnaires espagnols, lit-on dans la *Revue d'Édimbourg*, en posant le pied pour la première fois sur le sol de l'Amérique, au quinzième siècle, furent étonnés de voir la croix adorée par les Peaux-Rouges avec autant de dévotion que par eux-mêmes, et ils se demandèrent s'il fallait attribuer ce fait à la prédication de l'apôtre saint Thomas, ou aux artifices du démon. Ce symbole sacré attira leur attention de tous côtés et sous mille formes diverses. Il se rencontrait sur les bas-reliefs des palais abandonnés et en ruines, aussi bien que sur ceux des demeures habitées, et il était l'ornement le plus en vue du grand temple de Cozumel, sur la côte du Yucatan. Selon les localités et l'usage auquel on le destinait, il était formé de matières plus ou moins riches : de marbre et de gypse, sur les places publiques et sur les routes ; de bois, dans les Téocallis ou chapelles, sur des pointes de pyramides et dans les sanctuaires souterrains ; d'émeraude ou de jaspe, dans les palais des rois et des grands. Il figurait sur les vêtements

---

1. Humboldt, *Examen critique de l'Histoire et de la Géographie du Nouveau Continent* t. II, note G.

des prêtres, et le peuple le portait comme une amulette. On le voyait aussi fréquemment représenté par des sépulcres construits en forme de croix; chaque bras de la croix regardait l'un des quatre points cardinaux. L'emblème sacré était vénéré de temps immémorial dans toutes les contrées du Nouveau Continent.

« Et, ce qui est plus remarquable encore, non seulement la croix était unie à d'autres sujets correspondant en tous points avec ceux qui étaient dessinés sur les monuments babyloniens, — tels, par exemple, qu'un dieu répandant son sang, un serpent enroulé et un aigle sacré, — mais encore on la désignait par des appellations catholiques : « l'arbre de vie, le bois de force, le signe de vie ». Ce dernier titre, on s'en souvient, était généralement donné à la croix en Égypte, et c'est sous ce nom que le swastika ou *tau* sacré des bouddhistes est connu encore aujourd'hui. Ainsi, toute supposition de coïncidence accidentelle paraît impossible aux yeux d'une critique raisonnable.

« Dans l'Amérique du Sud, aussi bien que dans l'Amérique du Nord, la croix était regardée comme un symbole sacré. Les Muyscas et les Péruviens demi-civilisés, dans le nord, et, au sud, les sauvages habitants du Paraguay professaient pour la croix la même vénération superstitieuse. (?) Là, comme sur le continent septentrional, on la croyait douée du pouvoir d'éloigner les mauvais esprits[1]. »

C'est sur la similitude du culte rendu à la croix dans les deux continents, bien des siècles avant Jésus-Christ, que le Dr Jousset s'appuie pour établir que les populations de l'Amérique sont originaires de l'Asie :

« Dans plusieurs des temples de l'Amérique centrale, on rencontre des *croix latines*. A Palenque, cette croix, surmontée d'un oiseau fantastique, présente de chaque côté deux adorateurs : celui de gauche offrant un don à la divinité, celui de droite implorant sa protection. Ce dernier porte, à la hauteur de la ceinture, deux croix grecques. L'habillement et surtout la coiffure de ces prêtres rappellent les costumes égyptiens et assyriens. Le bas-relief est couvert d'hiéroglyphes, sur lesquels nous reviendrons dans un instant.

« M. Maler a découvert, dans un sanctuaire près de Palenque, une croix analogue, dont la branche supérieure présente une tête d'un aspect étrange, portant au cou un médaillon. Le même oiseau fantastique que nous avons vu sur la croix précédente surmonte aussi celle-ci ;

1. *The Edinburg Review : The prechristian Cross.* 1870.

nous retrouvons également les deux adorateurs avec la même figure et des costumes analogues ; seulement ils ont changé de côté : celui qui implore la divinité est à droite au lieu d'être à gauche ; des hiéroglyphes nombreux recouvrent ce bas-relief.

« Cette image de la croix latine n'est point isolée. Le marquis de Nadaillac, auquel nous empruntons ces renseignements, en a cité lui-même plusieurs exemples dans le Tennessee[1]. On peut voir, dans le musée du Trocadéro, un vase rond et aplati présentant sur ses faces des croix pattées parfaitement dessinées.

« Que peuvent signifier ces croix ? Nous ne pouvons pas y voir de simples caprices d'ornementation. Le culte rendu à cet emblème par les deux sacrificateurs qui se tiennent debout de chaque côté ne permet pas de méconnaître dans ces bas-reliefs un emblème religieux.

« S'il était possible de rattacher l'origine de ces sculptures à la conquête espagnole, il n'y aurait plus aucune difficulté ; mais ces bas-reliefs nous offrent les signes incontestables d'une antiquité qui s'étend bien au delà de l'époque de Christophe Colomb ; les ruines dont elles font partie sont de beaucoup antérieures à l'ère historique chez les Péruviens et les Mexicains, et les hiéroglyphes qui couvrent ces bas-reliefs sont absolument oubliés par les peuples contemporains de la conquête.

« Peut-on admettre l'existence de missions chrétiennes, comme il y a eu une mission bouddhiste au commencement de l'ère chrétienne ? Les éléments de cette démonstration font absolument défaut. L'opinion la plus probable, c'est que les peuples qui ont importé d'Asie l'architecture et la sculpture dont on retrouve les ruines dans l'Amérique centrale, ont importé en même temps la croix, qui était vénérée, en Égypte, en Assyrie et dans toute l'Asie, comme un signe de vie et de lumière.

« Les hiéroglyphes dont on trouve de si nombreux exemples dans l'Amérique centrale sont évidemment d'origine asiatique, puisqu'on n'en trouve aucun vestige chez les peuples d'Amérique ; du reste, ils portent en eux-mêmes le signe certain de leur origine asiatique. Le spécimen reproduit à la page 265 du livre du marquis de Nadaillac nous offre trois fois le signe du *tau* égyptien ou croix à trois branches, T, qu'on peut voir sur l'obélisque de la place de la Concorde[2]. »

1. Marquis de Nadaillac, *l'Amérique préhistorique*, p. 175.
2. *Les Origines asiatiques de la civilisation en Amérique avant Christophe Colomb*, par M. le Dr Jousset. Mémoire publié dans le compte rendu du Congrès scientifique international des catholiques, 1890.

M. F. de la Rochefoucauld, très versé dans la connaissance de la civilisation maya, parle dans le même sens :

« Partout en Yucatan, les missionnaires espagnols avaient trouvé la légende du paradis terrestre, les prophéties de la fin du monde par le feu, la condamnation de l'enfer, le baptême, les croix de chaux dans les temples, l'usage des holocaustes, sacrifices de perdrix chez les Mayas, sacrifices humains chez les races d'origine toltèque ; ils avaient constaté la sympathie des Indiens pour le christianisme, semblable aux traditions immémoriales que leur avait transmises le mélange de la civilisation toltèque et du culte d'Itzama[1]. »

Voulez-vous entendre le marquis de Nadaillac ?

« La présence de la croix à Palenque, sur des monuments antérieurs à l'introduction du christianisme, n'est pas un fait isolé ; l'auditeur de justice Palacio vit, à Copan, une croix avec un de ses bras brisé ; le jésuite Ruiz en cite une dans le Paraguay ; Garcilaso de la Véga, une autre à Cuzco ; nous en avons nous-même donné plusieurs exemples[2].

« Plusieurs mounds présentent une variété qu'il faut signaler. On nous cite une croix sur les bords du lac Michigan ; dans l'Ohio, une croix, cette fois de forme grecque, de 27 mètres de longueur, et portant au centre un grand bassin de 6 mètres de profondeur. On peut aussi distinguer une croix dans la vallée formée par la rivière Rock. Ses bras paraissent être égaux ; mais déjà la charrue a commencé son œuvre de destruction, et il n'est plus possible de s'assurer de leur longueur[3].

« On a reconnu sur un squelette découvert sous un mound, à Zolicoffer Hill, un ornement en cuivre d'une forme très particulière. (*Fig.* 42.) La croix qui le surmonte a fait supposer qu'il était d'origine européenne ; mais le Dr Jones signale ce même motif d'ornementation sur des coquilles gravées et sur des objets en cuivre provenant

Fig. 42.

également du Tennessee. Un squelette retiré d'un des mounds de Chilicothé portait une croix sur sa poitrine ; et une idole, avec une croix gravée sur l'épaule, était découverte sous un tertre de la vallée de Cumberland. La croix est reproduite sur un des bas-reliefs de Palenque et sur les

---

1. F. de la Rochefoucauld, *Palenque et la civilisation maya*, p. 3.
2. *L'Amérique préhistorique*, par le marquis de Nadaillac, p. 325.
3. *Id.*, *ibid.*, p. 133.

monuments de Cuzco, au centre même du culte du soleil. Quand Grijalva débarqua, en 1518, sur la côte du Yucatan, sa surprise fut grande de voir le signe de sa foi dominer les temples des indigènes. Des faits analogues se reproduisent sur toute la terre d'Amérique[1].

« A Palenque, de nombreuses niches en maçonnerie qui existent dans les murs méritent une certaine attention, à raison de leur ressemblance avec la lettre T, ou plutôt avec le tau égyptien. Quant aux figures de *tau* si fréquentes dans les édifices, dans les ornements des bas-reliefs du palais reproduit par Bancroft, on remarque un personnage portant un ornement en forme de *tau*. Nous citons, au chap. VIII, dans la vallée de Yucai (Pérou), des fenêtres ayant également cette forme. On sait que le *tau* dans les hiéroglyphes égyptiens signifiait la *vie*[2]. »

M. Roselly de Lorgues est peut-être encore plus affirmatif.

« La découverte du culte de la croix parmi les naturels surprit extrêmement les premiers explorateurs du Nouveau Monde. En arrivant dans le pays de Cibola, les Espagnols aperçurent des croix plantées sur des terrains religieux et entourées de guirlandes formées de fleurs et de plumes. En d'autres climats, nonobstant la différence des mœurs, la croix, signe de paix et de salut, était vénérée. Ce culte parmi les idolâtres paraissait inexplicable aux aventuriers et aux observateurs peu lettrés.

« Lorsque Francisco Hernandès de Cordova découvrit les grandes croix honorées des peuples du Yucatan, il pensa qu'ils les tenaient des Espagnols partis pour un établissement lointain, durant l'invasion arabe, sous le roi Rodrigue, et que les flots auraient violemment poussés sur ces parages. On ne saurait confondre cette croix avec une forme arbitraire de signal, de poteau, d'enseigne. Dans l'île d'Alcuzamil, elle était enfermée en un temple bâti de pierres, et on lui prêtait une influence céleste. Des croix de même forme, en bois et en métal, se voyaient ailleurs sur les tombes.

« Au Pérou, les rois gardaient la croix dans leur oratoire privé *(hunca)*. Un de leurs descendants, l'Inca Garcilasso, avait vu celle que possédait le dernier monarque indigène. On l'avait transportée alors dans la sacristie de la cathédrale de Cuzco. Pourquoi honoraient-ils ce signe ? Ils ne le pouvaient expliquer. Ils suivaient en cela une tradition trop antique pour que son origine leur fût connue.

1. Marquis de Nadaillac, *l'Amérique préhistorique*, p. 175.
2. *Id., ibid.*, p. 375.

« Au Paraguay, les croix étaient installées de temps immémorial. Surtout dans une partie de cette contrée, elles étaient si fréquentes, qu'on en donna le nom à la province qui depuis lors fut toujours nommée Sainte-Croix.

« Malgré le récit de tant de faits rapportés par les écrivains espagnols et Pierre Martyr d'Anghiera dans ses *Décades océaniques*, la plupart des auteurs qui ont traité de l'Amérique, ne pouvant croire que les naturels eussent adopté le signe propre du christianisme, sans avoir reçu l'Évangile, ont pris parti de nier ces faits, pourtant matériels et palpables.

« Mais les découvertes ultérieures, les ruines des temples, les peintures aztèques, les monuments de Palenque, etc., ont justifié les premiers narrateurs de la conquête, et mis hors de doute la véracité de leur témoignage[1]. »

Pour terminer cette longue énumération de témoignages, laissons parler le Dr Hamy, directeur du musée du Trocadéro, qui les résume et les confirme.

« Lorsque les Espagnols, conduits par Francisco Hernandez de Cordova, abordèrent, en 1517, à la côte de Campêche, ils furent extrêmement étonnés de voir, sur ce rivage encore inexploré, des « images en forme de croix, peintes de figures d'Indiens[2] », qu'adorait ce peuple inconnu et qu'il plaçait sur la tombe de ses morts.

« L'année suivante (1518), Grijalva et ses compagnons trouvaient dans l'île de Cozumel une croix de très grande dimension. « Il y avait, dit Herrera dans son *Histoire générale des Indes occidentales*, un « petit enclos basty de pierre et de chaux, carrelé et fort reluisant, et, « au milieu, une croix de neuf ou dix pieds de hauteur ». L'historien castillan ajoute que les Indiens « tenaient cette croix pour le dieu de « la pluie et se tenaient pour asseurez que, quand l'eau du ciel leur « manquait et qu'ils priaient dévotement, il pleuvait tout aussitôt[3] ».

« Les progrès de la découverte firent successivement rencontrer d'autres monuments, plus ou moins identiques à celui de Cozumel. « Ce n'estoit pas seulement en cet endroit, ajoute Herrera, qu'il y avoit « de ces sortes de croix, il y en avoit par toute l'isle, et en plusieurs

---

1. *La Croix dans les deux Mondes*, par Roselly de Lorgues, p. 176.

2. Bernal Diaz, *Véridique histoire des événements de la conquête de la Nouvelle-Espagne*, chap. iii, traduct. de Heredia. Paris, 1878, t. I.

3. Herrera, *Histoire générale des voyages et conquestes des Castillans, dans les Isles et Terre ferme des Indes occidentales*, trad. H. de la Coste. Paris, 1660, in-4, t. II, p. 159.

« isles de Yucatan. Ils en virent aussi de la mesme façon, peintes, « mais non pas de laton, comme dit Gomare, car ils n'eurent jamais « de cette sorte de métail, sinon de pierre et de bois[1]. » Dans l'île d'Uloa, la croix était « de marbre, blanche et grande », et surmontée de ce que le narrateur du voyage de Grijalva appelle « une couronne d'or[2] ».

« On signalait successivement d'autres monuments cruciformes, bien loin dans l'intérieur des provinces centrales, à Puébla par exemple, à Tlaxcala, à Cholula, à Texcoco, à Tula, à Guatulco, au sud-ouest de Tehuantepec, à Chacala enfin, non loin du petit port de Compostelle, sur l'océan Pacifique.

« Dans toutes ces localités, largement disséminées à la surface du pays, les croyances populaires faisaient des monuments cruciformes des emblèmes de la même divinité. C'était toujours Tlaloc qu'on adorait, Tlaloc, dieu de la pluie, de l'orage qui la produit et de la montagne où elle prend naissance. On invoquait partout cette divinité archaïque, sous la forme de croix en pierre ou en bois, plus ou moins analogues à celles des chrétiens, et que, dans les descriptions, d'ailleurs fort vagues, des anciens auteurs castillans, on trouve comparées tantôt à des croix grecques et tantôt à des croix latines[3]. »

Ne sont-ce pas ces croix, répandues en si grand nombre chez les Américains, qui firent donner d'abord à leur pays le nom de *Terre de la Croix*, jusqu'au jour où les partisans d'Améric Vespuce lui imposèrent le sien ? Brasseur de Bourbourg dit que c'est à cause d'une croix monumentale, trouvée dans l'île de Cozumel, que Grijalva donna à cette île le nom de *Santa Cruz*[4]. Dans la belle édition de la Géographie de Ptolémée, imprimée à Rome au commencement du seizième siècle, l'Amérique est désignée sous ce titre : « Terre de la Sainte-Croix ou Nouveau Monde », *Terra sanctæ Crucis sive mundus novus*[5].

ORIGINE DE CES CROIX

Il y en a qui ont dit : Soit ! les Espagnols ont trouvé des croix en Amérique ; mais rien de plus facile à expliquer !

1. Herrera, traduction citée, t. II, p. 159.

2. Icazbalceta, *Coleccion de documentos para la Historia de Mexico*, t. I, p. 307.

3. *Revue d'ethnographie : la Croix de Teotihuacan au musée du Trocadéro*, t. I, septembre-octobre 1882.

4. Brasseur de Bourbourg, *Histoire des nations civilisées du Mexique et de l'Amérique centrale*, t. IV, n° 3. Paris, 1859. In-8.

5. *La Croix dans les deux Mondes*, par Roselly de Lorgues, p. 179.

La figure de la croix est un assez joli motif de décoration. La croix grecque, la croix de Malte surtout ressemble à une rosace. On peut voir là une fantaisie, un effet du hasard.

Si l'on tient à présenter les croix d'Amérique comme des emblèmes religieux, à cause de leur ressemblance frappante avec la croix chrétienne, qui empêche d'admettre que les Islandais, en relations avec le Groënland, dès le dixième siècle de notre ère, y ont prêché l'Évangile ? Même avant les Islandais, des chrétiens nestoriens de la Chine ont pu être jetés sur les côtes de la Californie, et y porter le trésor de la croix, plus précieux que ses mines d'or. Et pourquoi l'apôtre saint Thomas, après avoir évangélisé en courant l'Inde et le Japon, n'aurait-il pas passé en Amérique pour y annoncer la bonne nouvelle et y planter des croix ?

A ces hypothèses Roselly de Lorgues répond :

« Attribuer sérieusement au hasard la vénération des Américains pour la figure de la croix serait puéril. Pourquoi n'ont-ils pas adopté de préférence, les uns la spirale, les autres le losange, ceux-ci le triangle, ceux-là le quadrilatère, ici le cercle, plus loin l'ellipsoïde ? Dès qu'ils s'accordent sur ce signe, il y a ensemble, concert; conséquemment, identité de cause. Donc le hasard n'a rien à réclamer céans. Quelque mystérieux que soit ce fait du culte de la croix dans le Nouveau Monde antérieurement à Christophe Colomb, il est constant, indubitable. Les traditions locales en rapportent l'institution à des hommes étrangers, dont le signalement indique la race caucasienne. Cet emblème n'a pas été inventé, il relève d'un dogme plus ancien que la population américaine. Il est arrivé du dehors. Nul ne l'a imaginé au dedans. Ce n'est point dans ce continent nouveau qu'il a sa raison d'être. Il tient à un ordre d'idées plus antique; il dérive du sol primitif, l'Asie centrale, la mère patrie. C'est là une importante révélation.

« Mais ce qui doit surtout nous frapper, c'est que cette figure soit l'unique dont l'unanimité des traditions rattache l'origine à l'Ancien Monde. Tous, Mexicains, Péruviens, sauvages, tribus de guerriers, peuplades de pêcheurs, n'ayant de commun ni gouvernement, ni religion, ni langage, avouent tenir ce signe d'hommes étrangers. Donc la multiplicité des croix ne résulte pas de l'imitation; car tous ces peuples recherchent, au contraire, des distinctions tranchées, qui perpétuent intacte leur nationalité; ils n'ont nul rapport de politique, de commerce, d'amitié. Elle provient d'une cause générale; et cette cause fut nécessairement antérieure aux migrations qui peuplèrent le continent transatlantique.

« Récemment, des écrivains ont cru expliquer la présence de la
croix en Amérique par la prédication des Islandais, qui, dès le dixième
siècle, fréquentaient le Groënland. Cette hypothèse rapproche la difficulté sans la résoudre. Certainement la croix put être apportée par le
Groënland, ou, si l'on veut même, par des chrétiens nestoriens de la
Chine, jetés sur les côtes de·la Californie; mais la croix figurait avant
cette époque au milieu des hiéroglyphes aztèques. Elle existait parmi
les peintures sacrées, comme les images de la Chute, du Déluge, de
la Confusion des langues, de la Dispersion des peuples[1]. »

Écoutons encore le savant directeur de la *Revue d'ethnographie* :

« Pour expliquer, dit le Dr Hamy, l'existence de ces emblèmes,
dont les analogies apparentes étaient si grandes avec ceux du christianisme, les historiens de la Nouvelle-Espagne adoptèrent presque tous
l'hypothèse d'un apostolat *primitif*, qui aurait laissé des traces plus ou
moins profondes dans les croyances populaires mexicaines.

« Fray Diego Duran, Acosta, Vetancourt, Davila Padilla, Carlos
de Siguenza y Gongora, Remesal, Calancha, et bien d'autres encore,
ont développé cette thèse singulière, non sans quelque talent; et la
Croix de la pluie, dont ils ne comprenaient en aucune façon la signification, est devenue le témoignage de la *prédication de l'apôtre saint
Thomas*, qui s'identifiait sous leur plume avec le civilisateur des Toltèques, le grand Quetzalcoatl.

« Les idoles cruciformes de la religion mexicaine, ainsi christianisées, furent pieusement recueillies par les moines de divers ordres,
exposées même parfois dans leurs églises conventuelles aux hommages
des fidèles. Une croix de bois, par exemple, rencontrée dans une
caverne difficilement accessible de la Basse-Mixtèque, en fut tirée avec
une machine appropriée, et devint l'objet d'un culte spécial chez les
Dominicains de Tonala. A Puebla, les Carmes déchaussés conservaient
une autre croix ancienne de la même matière, découverte, disaient-ils,
dans cette localité. La croix de Quauhtulco (Guatuelco), transférée à
Oaxaca par l'évêque don Juan de Cervantès, était, au dernier siècle,
l'objet d'une grande vénération. A la même époque, enfin, l'une des

---

1. *La Croix dans les deux Mondes,* par Roselly de Lorgues, p. 179.

croix de l'île de Cozumel était pieusement conservée dans l'un des cloîtres de Merida.

« Le problème de l'origine des croix américaines, si mal posé qu'il ait été dès le principe, si insuffisamment étudié qu'il fût encore au milieu du dix-huitième siècle, semblait donc complètement résolu aux yeux du clergé de ce temps. Saint Thomas, pour la plupart des auteurs ecclésiastiques; saint Matthias, selon quelques autres, avaient pu seuls dresser en Amérique le symbole du salut du genre humain.

« Les écrivains laïques abondèrent dans le même sens : Solorzano, Boturini, Veytia, Mota-Padilla, Servando, Teresa de Mier, consacrèrent maints chapitres à développer cette invraisemblable théorie, qui compte encore aujourd'hui quelques partisans au delà de l'Atlantique...

« Le symbole crucial affecte constamment, au moment de la conquête, des relations étroites avec l'un ou l'autre des mythes de Quetzalcoatl. C'est à ce héros divinisé que la tradition attribue l'érection des monuments cruciformes de divers types[1]. C'est encore lui qui, en lançant sur le tronc d'un arbre appelé *pochotl* une flèche qui était elle-même un arbre du même nom, traverse l'un des bois par l'autre et, de cette manière, *forme une croix*[2]. Son manteau blanc est orné, dans certains manuscrits, de croix rouges irrégulières.

« Cette espèce d'usurpation du symbole de Tlaloc, le dieu des Olmèques, des Mixtèques, des Zapotèques, etc., par le personnage qui est la plus haute expression de la civilisation importée par les Toltèques dans l'Anachuac, mérite de fixer quelques instants l'attention.

« Elle nous fournit d'ailleurs l'occasion de compléter cette rapide histoire de la croix au Mexique, et d'expliquer comment Quetzalcoatl, en s'identifiant, dans une certaine mesure, avec le vieux Tlaloc, dont nous connaissons les emblèmes, put être considéré par les écrivains espagnols comme la personnification indienne de l'apôtre saint Thomas.

« Nous avons déjà vu que Tlaloc était la plus ancienne divinité connue des régions mexicaines. Le pontife religieux des Toltèques, trouvant solidement établie, dans le pays que colonisait son peuple, l'adoration du dieu de la pluie, fit ce qu'ont fait souvent les réformateurs en matière de culte. Au lieu de s'efforcer de supprimer les manifestations religieuses qui s'adressaient à Tlaloc, il paraît avoir tenté d'en

---

1. « Iba formando cruces en diferentes maneras que espuso y coloco en muchas partes para que fuese venerandas. » Veytia, *loc. cit.*

2. Sahagun, liv. III, chap. XIV.

modifier autant que possible la destination, en s'insinuant lui-même dans le mythe du vieux dieu, en adoptant pour ses insignes personnels, non seulement la croix, mais encore le serpent que Tlaloc brandissait de la main droite, dans ses figures archaïques ; enfin, en dressant lui-même des croix et en enseignant à invoquer la pluie par leur intercession.

« Les mythes qui se rattachent à ce grand réformateur religieux se confondirent, jusqu'à un certain point, avec ceux de la divinité archaïque.

« Quetzalcoatl devint le dieu du vent qui balaye les chemins devant le dieu des eaux. Certaines fêtes furent communes aux deux divinités, et la croix de la pluie vint s'appliquer, comme un insigne secondaire, sur le manteau du pontife toltèque, devenu dieu à son tour.

« Les Espagnols qui recueillaient de la bouche des Indiens qu'ils évangélisaient les traditions encore vivantes de Quetzalcoatl, ayant appris que cet étranger au teint clair et à la longue barbe avait *posé des croix,* et voyant parfois son image ornée de croisettes rouges, ont imaginé, pour expliquer ces phénomènes, l'invraisemblable théorie que j'ai résumée plus haut, et confondu le grand réformateur avec l'apôtre saint Thomas.

« Cette hypothèse a vécu de longs siècles, et ce n'est qu'aujourd'hui que l'archéologie peut enfin en faire bonne justice, en rendant à Tlaloc ce qui appartient à Tlaloc : *la croix de la bonne pluie*[1]. »

M. Pascæ, qui a étudié à fond les antiques traditions religieuses du Mexique, où il était missionnaire il y a quelques années, apporte ici un témoignage qui ne saurait être suspect, puisque le ministre protestant regarde le culte de la croix comme une peste dont il faudrait purger la terre.

« La religion des Mexicains, dit M. Pascæ, était purement chaldéenne. Ils professaient la croyance en un Dieu suprême; mais le culte des idoles était général chez eux. Ils avaient un clergé régulier, des temples magnifiques et des couvents; ils célébraient des processions où l'on portait des croix, et même des croix rouges[2]; l'encens, les

---

1. *Revue d'ethnographie : la Croix de Teotihuacan,* par le Dr Hamy.

2. On sait que la couleur rouge est la plus belle de toutes, au jugement de tous les peuples. « Chez les Russes, dit Bernardin de Saint-Pierre, *beau* et *rouge* sont synonymes. On faisait, au Pérou et au Mexique, un cas infini du rouge. Le plus beau présent que l'empereur Montézuma crut faire à Cortez fut de lui donner un collier d'écrevisses, qui avaient naturellement cette riche couleur. — Bernardin de Saint-Pierre, *Études de la nature,* t. II, étude X[e], *Des couleurs.*

fleurs, les offrandes de fruits, faisaient partie de leur culte. Ils véné-
raient le veau ou bœuf noir; ils sacrifiaient des victimes humaines au
dieu de l'enfer, dont ils considéraient aussi la croix comme un symbole[1]. »

Enfin, le comte Goblet d'Alviella résume ainsi le sentiment du dernier congrès des américanistes sur l'origine de ces croix :

« Quand les Espagnols s'emparèrent de l'Amérique centrale, ils
trouvèrent dans les temples indigènes de vraies croix qui passaient pour
le symbole, tantôt d'une divinité, à la fois terrible et bienfaisante,
Tlaloc; tantôt d'un héros civilisateur, blanc et barbu, Quetzalcoatl,
que la tradition faisait venir de l'est. Ils en conclurent que la croix
avait été importée chez les Toltèques par des missions chrétiennes
dont la trace s'était perdue; et, comme il faut toujours que la légende
se fixe sur un nom connu, ils en firent honneur à saint Thomas,
l'apôtre légendaire de toutes les Indes. Bien que cette thèse ait encore
trouvé des défenseurs dans les dernières réunions du congrès des américanistes, on peut la regarder comme définitivement rejetée[2]. »

S'il n'y avait pas de croix sur les monuments de l'ancien continent
antérieurement à Jésus-Christ, on pourrait penser que les croix d'Amérique doivent avoir une origine chrétienne ; mais longtemps avant
Jésus-Christ, les dieux et les rois d'Égypte ont la croix à la main; la
croix orne la robe des dieux du panthéon grec et romain; les rois
d'Assyrie, de Grèce, les druides, les brenns gaulois, la portent sur la
poitrine, et ce n'est pas à saint Thomas que l'on peut attribuer ces
croix-là. « Et pourquoi, dit Roselly de Lorgues, l'emblème figuratif
du christianisme ne l'aurait-il pas précédé dans le nouveau continent,
puisqu'il l'avait devancé dans l'ancien[3] ? »

CULTE DE LA CROIX

Les archéologues dont nous avons pu recueillir les témoignages
traitent des questions suivantes :

La croix de Tlaloc ou de la bonne pluie.

Les croix de Lorillard City.

1. *Pascæ's speech at the Mildmay conference,* 1876.
2. *Revue des Deux Mondes,* 1er mai 1890 : *La Migration des symboles,* par M. le comte
Goblet d'Alviella.
3. *La Croix dans les deux Mondes,* par Roselly de Lorgues, chap. IV : *le Signe du salut
dans la gentilité,* p. 181.

Les temples de la croix à Palenque.

Les croix de la Gaspésie.

On verra que l'hommage rendu à la croix dans l'Amérique centrale et dans l'Amérique du Nord, s'il ne fut pas toujours un culte d'adoration, était du moins celui d'une vénération enthousiaste.

« Le culte de la croix, dit l'auteur des *Traditions messianiques*, était répandu aussi bien dans les forêts américaines que dans l'ancien continent. Elle figure dans les hiéroglyphes des Mexicains comme dans leur calendrier séculaire, et le soleil, objet de leur adoration, apparaît au milieu de cette croix. Écoutons M. de Humboldt : « Un relief con-« servé dans les ruines de Palenque de Guatemala, et dont je possède « une copie, ne me paraît laisser aucun doute *qu'une figure symbolique* « *en forme de croix était un objet d'adoration.* »

« Quand les Espagnols abordèrent pour la première fois dans le Yucatan, ils y trouvèrent des croix, à leur grande surprise. Un soldat qui faisait partie de l'expédition envoyée à la conquête du nouveau royaume de Galicie s'exprime ainsi : « Dans plusieurs villages des « montagnes, les Indiens *ont en vénération le signe de la croix*. A Acco, « nous trouvâmes près d'une fontaine une croix de deux palmes de « haut et d'un doigt d'épaisseur. Le bois en était carré, et il y avait « autour beaucoup de fleurs sèches et de petits bâtons ornés de plumes. « A Tutahaco, nous trouvâmes sur une sépulture qui paraissait ré-« cente une croix faite de deux morceaux de bois attachés avec du « coton, et ornée de fleurs desséchées. » Un autre écrivain parle aussi de croix de laiton et de bois dressées sur les sépultures des sauvages.

« Les habitants de l'île Acuzamil « avaient une espèce de petit temple « dans lequel il y avait une croix, haute de dix palmes, *qu'ils adoraient* « *comme une divinité*. Ils l'invoquaient pour obtenir la pluie, et la « portaient en procession ». De leur côté, les missionnaires trouvèrent dans le Paraguay une croix dont on ne peut expliquer l'origine. La contrée où elle fut découverte reçut le nom de *Sainte-Croix*. Presque tous ceux qui rencontrèrent ces croix en Amérique crurent y trouver un indice d'ancien christianisme. J'ai déjà dit que cela était une erreur.

« Ces croix diverses n'attestaient pas plus la prédication de l'Évangile que la croix du Chinois Hien-yuen ou que celle figurée, nombre de siècles avant le Christ, dans les dernières assises du temple de Sérapis.

Toutes ces croix se référaient sans aucun doute à l'antique tradition du salut par l'instrument de la Rédemption[1]. »

LA CROIX DE TLALOC

OU LA CROIX DE LA BONNE PLUIE

Au Mexique, la pluie est, dans l'ordre matériel, le plus grand bienfait de Dieu. Dans toute cette région, dont l'altitude au-dessus du niveau de la mer est toujours considérable, et peut atteindre, comme à Mexico, 2 279 mètres, l'évaporation est extrêmement rapide. La terre poreuse, toujours altérée, boit avidement l'eau du ciel, et, quoique les pluies soient abondantes de juin ou de juillet à septembre ou à octobre, la sécheresse menace fréquemment les cultures sur la prospérité desquelles repose toute l'alimentation populaire. L'irrigation par la pluie est donc le salut pour le Mexique, comme l'inondation du Nil pour la vallée de l'Égypte. Aussi est-ce la pluie que les Mexicains demandaient instamment à Dieu, sachant bien que *c'est lui qui couvre le ciel de nuages et prépare la pluie; qu'il tient la pluie à la disposition des siens, et la répand, à leur prière, sur la face de la terre*[2].

A genoux devant la croix, « symbole du Dieu unique des Mayas », ils suppliaient le *Père de la pluie*[3], comme le patriarche Job appelait

Fig. 43. — Croix de Tlaloc.

Jéhovah, dans les arides déserts de l'Arabie, de les préserver du mortel fléau de la sécheresse, de la famine. Puis, la croyance à l'unité de Dieu s'étant obscurcie au Mexique comme ailleurs, on personnifia chacun des attributs divins. Tlaloc, le Père de la pluie, devint un dieu particulier, mais toujours le premier, le plus ancien, le plus puissant, le plus secourable; on l'identifia avec la croix qui était son symbole, la croix de la bonne pluie, que l'on adora sous le nom de Tlaloc.

1. Bedin, *les Traditions messianiques : la Croix*, p. 447.
2. *Ps.* CXLVI, 8, et *Ps.* LXVII, 10.
3. *Pater pluviæ.* Job, XXXVIII, v. 28.

« Les croyances populaires, dit M. Hamy, faisaient des monuments cruciformes les emblèmes de la même divinité. C'était toujours Tlaloc qu'on adorait. On invoquait partout cette divinité archaïque sous la forme de croix de pierre ou de bois. »

La plus célèbre de ces croix est celle de Teotihuacan. Nous laissons parler le docteur Hamy, qui l'a merveilleusement interprétée. « C'est dans la vieille capitale de l'empire toltèque que M. Chárnay a découvert, en 1880, les précieux monuments dont la figure ci-jointe donne une idée assez exacte. Ces symboles cruciformes, au nombre de deux, ont été rencontrés dans les fouilles exécutées au monticule qui se dresse au nord du Rio de S. Juan et à l'ouest de la grande voie qui mène à la pyramide de la Lune.

« Ils gisaient sur un ancien sol, à 2 m. 50 de profondeur, la face sculptée en dessous, à l'intérieur des constructions que M. Charnay désigne dans ses récits et sur ses plans sous le nom de *palais toltèque*.

« Une de ces pièces a été envoyée à Paris et installée dans la galerie du musée du Trocadéro. C'est cette dernière que représente notre figure 166; en voici la description. (*Fig.* 43.)

« Elle se compose d'une grande dalle de grès haute de 1 m. 33, large de 1 m. 08, épaisse de 15 centimètres, offrant en maintes places des restes de couleur rouge, et portant, grossièrement sculptée, l'image d'une croix qui reposerait sur une espèce de socle.

« Un bandeau de pierre de 12 centimètres de hauteur, encadré d'un rebord de 6 à 7 centimètres, faisant une saillie d'un centimètre environ, en forme le sommet. Ce bandeau se replie latéralement en manière de grecque aux angles émoussés, dont le cadre dessine, de chaque côté de ce que l'on peut nommer la *tête* de la croix, deux *bras* courts et trapus.

« De la base du bandeau descendent en même temps quatre pendentifs en légers reliefs de forme conique allongée, qui se partagent à peu près également la largeur de la pierre, sensiblement rétrécie à ce niveau (60 centimètres) et toujours encadrée de la même façon que dans ses parties supérieures. Le monument se dilate de nouveau (1 m. 08) un peu au-dessous des appendices que je viens de signaler, pour former une large base, du milieu de laquelle s'élève une sorte de support dont l'extrémité s'insinue entre les deux pendentifs médians.

« Si l'on fait abstraction de la base du monument et du support vertical qui la traverse, on retrouve sans trop de peine, dans ce bandeau replié et dans ces appendices, le symbole bien connu de là divinité la plus archaïque du panthéon mexicain. Tlaloc, dieu de la pluie, de l'orage et de la montagne, est en effet presque constamment symbolisé par ces deux emblèmes non combinés. Les anciens habitants du massif du Popoçatepetl, aussi bien que les montagnards de la Mixtèque et de la Zapotèque, les lui ont attribués de toute antiquité. Sur les petits vases en terre cuite des premiers, comme sur les statuettes en pierre dure des seconds, le dieu se montre la bouche couverte d'un ornement exactement semblable à celui qui orne la croix que je viens de décrire. Le bandeau replié devient une sorte de moustache, et les appendices se transforment, semble-t-il, en de puissantes incisives. (*Fig.* 44.)

« Cette double modification ne change point, du reste, les formes générales des insignes du dieu. Il est toujours possible de retrouver dans le bandeau contourné *l'image de la nuée*, et dans les appendices, celle de la *pluie qui s'en échappe*.

« Cette interprétation paraîtra, à première vue, quelque peu forcée sans doute.

Fig. 44. — Le dieu Tlaloc. (Musée d'ethnogr. Collection Charnay.)

Elle n'en est pas moins rigoureuse, car elle repose sur diverses transcriptions espagnoles contemporaines, ou peu s'en faut, de la conquête.

« Les Castillans, traduisant à leur usage les hiéroglyphes mexicains les plus répandus, ont en effet représenté le signe de *Quiahuitl* (*la pluie*), propre au dix-neuvième jour de chaque mois, par un grossier dessin qui montre un amas de nuages, dont les formes générales rappellent assez bien le bandeau de la croix de Teotihuacan, et d'où descendent une série de lignes parallèles figurant une pluie intense, lignes qui correspondent exactement aux pendentifs de notre monument. Ce bandeau et ses appendices composent donc dans leur ensemble la représentation hiératique de *la pluie*, et la croix dont il forme le décor est bien, par conséquent, non pas une croix chrétienne, mais la *cruz de la lluvia* des premiers conquérants, cet emblème religieux qu'invoquaient les indigènes visités par Hernandez, Grijalva, etc., et auquel ils sacrifiaient des cailles lorsque l'eau venait à manquer. Que l'on simplifie l'insigne religieux, en suivant les procédés usités au Mexique, c'est-à-dire en supprimant les parties qui ne sont pas indispensables à l'expression du symbole, il restera une sorte de croix trapue, dont les bras, mesurés dans leur plus grande longueur, auront presque exactement les mêmes dimensions que la tête, c'est-à-dire 20 centimètres environ, et dont la longueur totale (90 centimètres) surpassera quelque peu la hauteur.

« Simplifions encore le monument, supprimons les détails sculptés sur sa façade, nous obtiendrons une véritable croix, voisine de ces croix grecques auxquelles les conquérants ont parfois comparé notre *croix de la pluie*.[1] »

LES CROIX DE LA VILLE DE LORILLARD

« **A** Lorillard, les linteaux sculptés n'existent pas dans tous les édifices de la ville, mais seulement dans ceux qu'on pourrait supposer avoir été des temples ou des palais; et parmi les plus insignifiants comme dimensions, nous avons rencontré les plus beaux.

« Ces petits monuments semblent remplacer les fonds d'autel, les dalles couvertes d'inscriptions et les piliers à personnages des édifices de Palenque. Le premier que nous donnons *(fig. 45)*, et qui appartient à la porte centrale du temple, forme un panneau de 1 m. 12 de long sur 82 centimètres de large. Deux personnages en occupent la partie centrale, tous deux coiffés de hautes mitres à plumages; ils ont les épaules couvertes d'un camail frangé, ornementé de perles et de médaillons; un riche maxtli leur ceint la taille, et leurs pieds disparaissent dans de grandes bottines agrémentées de lanières de cuir; ils ont le front fuyant des figures de Palenque.

« Ces deux personnages, de taille différente, représenteraient probablement un homme et une femme, et leur attitude recueillie laisserait supposer qu'ils procèdent à une cérémonie religieuse; le plus grand tient à chaque main une croix, le plus petit n'en a qu'une, à la main droite. Ce sont des croix latines, dont les branches sont ornées de fleurettes, et le haut surmonté d'un oiseau symbolique; une série de *Katunes*, vingt-trois en tout, sont disséminées sur le bas-relief.

« Il nous semble reconnaître là le dieu Tlaloc transformé, le dieu

1. *Revue d'ethnographie : la Croix de Teotihuacan*, par le Dr Hamy, 1882.

de la pluie et de la fécondité, dont la croix était le symbole.... A Palenque déjà, nous avons trouvé le même dieu personnifié dans une image du même genre, sur le panneau du temple de la Croix n° 2. Cette croix, formée de palmes, ou plus probablement de feuilles de maïs entremêlées de figures humaines, rappellerait ainsi le dieu pro-

Fig. 45. — Les Croix de Lorillard City.

tecteur des moissons et surtout du maïs, qui était par excellence la graine nourricière des hommes[1]. »

LES TEMPLES DE LA CROIX A PALENQUE

La ville de Palenque semble avoir été, au temps de la civilisation toltèque, un centre religieux d'une grande importance. A en juger par les ruines immenses qui s'étendent à huit kilomètres environ du village de Saint-Domingue, au Guatemala, cette antique cité devait avoir au moins dix lieues de tour. Elle ne paraît pas avoir été la capitale politique du pays, mais une ville sainte, un lieu de pèlerinage. On n'y

1. *Voyage au Yucatan et au pays des Lacandons,* par M. Désiré Charnay. *Le Tour du Monde,* 1884, 1er semestre, p. 93.

remarque nulle trace d'architecture civile ; l'imposant édifice qu'on a
pris longtemps pour le palais des rois était vraisemblablement la de-
meure des chefs de la religion. Palenque paraît avoir été à la fois la
Rome et le Saint-Denis du Mexique : il n'y avait guère que des
temples, des monastères et des tombeaux.

Les deux temples où l'on voit sculptée l'*Adoration de la Croix* sont
des temples du soleil. Les piliers, le toit, la crête ornementale qui le
domine, tout est couvert de sculptures et de décorations dont le sens
n'est pas douteux. Pour qui est familier avec l'architecture religieuse

Fig. 46. — Adoration de la croix. Temple n° 1.

japonaise, la ressemblance de ce temple avec les anciens sanctuaires
bouddhistes du Japon est saisissante.

LE TEMPLE N° 1.

« La sculpture au fond du sanctuaire, dit M. Maler, qui en a fait
la découverte, est encore parfaitement conservée et assez visible, malgré
son faible relief. Sur une espèce de socle s'élève une croix, d'un dessin
encore plus frappant que celui du temple voisin, si universellement
connu. Cette croix est surmontée — circonstance singulière — d'une tête
étrange, portant au cou un collier avec médaillon, parure générale chez
tous les grands personnages de Palenque. (*Fig.* 46.)

« Au-dessus de la croix est assis un oiseau à tête hiéroglyphique.

A droite, un homme est placé sur un feuillage gracieux. Ce personnage n'est pas vêtu à la manière des grands seigneurs de Palenque : il représente sans doute un homme du peuple, comme la femme placée en regard. Celle-ci tient à la main une offrande.

« Dans la main gauche de l'homme on aperçoit un petit objet, difficile à expliquer, ayant quelque ressemblance avec le symbole de la vie, autrement dit la croix ansée, que tant de statues égyptiennes tiennent de la même façon.

« L'homme et la femme ont la bouche ouverte, en signe qu'ils parlent aux dieux.

« Devons-nous voir, ajoute M. Maler, dans cette tête bizarre, ornée, à ce qu'il semble, de deux cornes, un souvenir vague du bison de l'Amérique du Nord, ou devons-nous y trouver les dernières traces d'un christianisme presque effacé, qui, dans des temps reculés, aurait trouvé son chemin jusqu'aux races lointaines de l'Atlantis ? Voilà des questions bien difficiles à résoudre [1]. »

D'après les archéologues, comme nous le verrons, on aurait tort de prendre cette croix pour un souvenir du bison de l'Amérique du Nord, ou un reste du christianisme. Elle est tout simplement, comme la croix de la bonne pluie, comme celles de Lorillard City, en un mot, comme toutes les croix de Tlaloc, un monument de l'antique religion des Toltèques.

LE TEMPLE Nº 2.

Dans le temple de la Croix nº 2, la même cérémonie religieuse se retrouve sur trois dalles au fond du sanctuaire. « Le sujet, dit M. Désiré Charnay, se compose de trois motifs : la dalle centrale représente une croix dont les bras sont en palmes et supportent deux figures ; le corps de la croix, où se retrouvent sculptées, dans le centre et à la partie supérieure, deux figures humaines, repose sur une tête monstrueuse ; et le tout est couronné par un oiseau symbolique, aux pattes d'aigle et à la longue queue. Les dalles de côté représentent : celle de gauche, un homme revêtu des ornements les plus riches, collier à médaillon, ceinture et jambières ; celle de droite, une femme, si l'on en juge par la taille, la longue natte de cheveux et la différence de vêtements. Cette femme est portée sur des palmes ou des langues de flamme entourant un profil parfaitement conservé. Les deux person-

1. *La Nature, Revue des sciences,* 1879.

nages semblent en adoration devant l'oiseau symbolique de la croix, et lui offrent des présents dont il est difficile de spécifier la nature. (*Fig.* 47.) Derrière chaque sujet se trouve une inscription composée de soixante-huit caractères, donnant sans doute l'explication de la cérémonie. Si l'on examine ces caractères avec soin, on les trouvera des plus singuliers ; la plus grande partie en est composée de profils humains[1].»

Cette scène religieuse est connue sous le nom d'*Adoration de la Croix*. Mais d'où viennent ces bas-reliefs célèbres ? Le sanctuaire où on les visite était-il primitivement une église ? A-t-il été bâti, sinon avant Jésus-Christ,

Fig. 47. — Adoration de la croix. Temple n° 2.

du moins en dehors de l'influence chrétienne? Interrogeons les archéologues qui ont examiné et moulé ces dalles, ou qui, sans les avoir étudiées sur place, s'en sont procuré de bonnes copies.

Le premier témoin à entendre au sujet de la croix de Palenque est celui qui en fit la découverte, le capitaine Dupaix, chargé d'une mission scientifique au Mexique par le gouvernement espagnol, en 1805. Après avoir décrit la scène représentée dans le temple n° 2, il ajoute : « Si l'on examine cette espèce de croix attentivement et sans parti pris, on reconnaît que ce n'est pas à la rigueur la sainte croix latine que nous adorons, mais bien la croix grecque, défigurée par des ornements extraordinaires... En outre, ces ornements, si compliqués et si capricieux, ne répondent pas à la vénérable simplicité de la croix originaire et à sa sublime signification. Il faut donc appliquer cette composition allégorique à la religion de ces anciens peuples, sur laquelle nous sommes obligé de garder le silence, n'ayant absolument aucune connaissance de ses cérémonies[2]. »

1. *Le Tour du Monde*, 1881, 2ᵉ semestre, p. 322. *Mes découvertes au Mexique*, par Désiré Charnay.

2. Relation des trois expéditions du capitaine Dupaix, ordonnées en 1805, 1806, 1807,

Après le capitaine Dupaix, voici venir Alexandre de Humboldt ; il nous apporte son appréciation motivée sur la croix de Palenque. Je cite tout au long le texte de l'éminent savant :

« Les croix, dit-il, qui ont tant excité la curiosité des *conquistadores* à Cozumel, à Yucatan et dans d'autres contrées de l'Amérique, ne sont pas des « contes de moines », et méritent, comme tout ce qui a rapport au culte des peuples indigènes du nouveau continent, un examen plus sérieux. — Je me sers du mot *culte,* car un relief conservé dans les ruines de Palenque de Guatemala, et dont je possède une copie, ne me paraît laisser aucun doute qu'une figure symbolique en forme de croix était un objet d'adoration. Il faut faire observer cependant qu'à cette croix manque le prolongement supérieur, et qu'elle forme plutôt la lettre T.

« Parmi les hiéroglyphes aztèques, il y en a un qui désigne le « soleil dans ses quatre mouvements » par des empreintes de pieds, et qui rappelle aussi la forme d'une croix.

« Des idées qui n'ont aucun rapport avec le christianisme ont pu être symboliquement attachées à cet emblème égyptien d'Hermès (*Tauticus character*), si célèbre parmi les chrétiens, depuis la destruction du temple de Sérapis, à Alexandrie, sous Théodose le Grand[1]. »

Un savant voyageur contemporain que nous avons cité tout à l'heure, M. Désiré Charnay, n'a pas une autre opinion sur l'origine préchrétienne de la croix de Palenque : « Dans le temple de la Croix n° 1, dit-il, la croix est une véritable croix latine ; ce qui a fait mettre en avant les théories les plus hardies au sujet de la religion des Indiens, entre autres la légende de saint Thomas, qui serait venu catéchiser et convertir les peuples de l'Amérique et surtout les habitants de Palenque. De là cette croix, et les fondateurs de Palenque auraient été catholiques ; ce qu'il reste à démontrer. »

Le marquis de Nadaillac ne croit pas non plus que l'on puisse attribuer une origine chrétienne à la croix de Palenque.

Après avoir décrit la croix, il ajoute : « Au-dessus de l'autel était la tablette de la croix, arrachée de son emplacement primitif par la main d'un fanatique, qui voulait y voir le signe sacré de la foi du chrétien, miraculeusement conservé par les anciens habitants du palais.

pour la recherche des antiquités du pays, notamment celles de Mitla et de Palenque, etc.

1. Alexandre de Humboldt, *Histoire de la Géographie du Nouveau Continent,* etc., note G, à la fin du deuxième volume.

« La croix était regardée comme le symbole de la puissance créatrice et fertilisante de la nature, et, sur plusieurs points, on l'honorait par des sacrifices de cailles, d'encens et d'eau lustrale[1]. »

« Le bas-relief de la croix situé dans le grand temple Culhuacan-Palenque est l'exposé des motifs et le poème de la foi religieuse des Mayas du Yucatan, dit M. F. de la Rochefoucauld. Il représente une croix fleuronnée analogue à celle de nos cimetières. Elle est plantée sur une tête monstrueuse, et surmontée d'un oiseau mitré : représentation allégorique de Hunab-ku, autrefois « dieu unique » des Mayas[2]. »

Nous tenons donc les dépositions de cinq témoins, tous éclairés et n'ayant d'autre préoccupation que la vérité scientifique. Ils voient dans cette croix de Palenque : celui-ci, une croix grecque ; celui-là, une croix égyptienne, une croix latine, etc. ; ce qui prouve que chacun garde sa liberté complète d'appréciation.

Pour le dire en passant, voici peut-être l'explication très simple de cette divergence de vues sur la figure de la croix.

Si la tête ne fait pas partie de la croix, il reste en effet le tau égyptien de Humboldt. Que la tête appartienne à la croix, et elle lui donne l'aspect de la croix latine, signalée par M. Charnay. Enfin, l'oiseau symbolique qui surmonte cette tête étrange est-il considéré comme formant le sommet de la branche supérieure de la croix : alors les quatre branches deviennent à peu près égales, et nous avons une croix grecque, ainsi que le veut M. Dupaix.

Quoi qu'il en soit, tous s'accordent à déclarer que la croix de Palenque n'est pas une croix chrétienne.

« Il faut, dit Dupaix, appliquer cette composition allégorique à la religion de ces anciens peuples. »

« Des idées qui n'ont aucun rapport avec le christianisme, dit Alexandre de Humboldt, ont pu être symboliquement attachées à cet emblème égyptien d'Hermès. »

« Les fondateurs de Palenque auraient été catholiques, dit ironiquement M. Charnay, ce qu'il reste à démontrer ! »

Cette croix, dit M. de Nadaillac, est antérieure à l'introduction du christianisme. Le fanatisme seul peut s'obstiner à y voir le signe sacré

1. Marquis de Nadaillac, *l'Amérique préhistorique*, chap. vii : *les Ruines de l'Amérique centrale*, p. 327.

2. *Palenque et la civilisation maya*, par F. de la Rochefoucauld, p. 23.

de la foi du chrétien. « Le bas-relief de la croix porte une croix analogue à celle de nos cimetières » : représentation allégorique de Hunab-
ku, autrefois « dieu unique » des Mayas, conclut M. F. de la Rochefoucauld.

Ce qui, au besoin, achèverait de persuader que cette croix n'est
pas d'origine chrétienne, c'est l'horreur que les adorateurs d'une croix
toute pareille professent aujourd'hui encore pour le christianisme.

« .... Cette partie du littoral, dit M. Élisée Reclus, appartient
maintenant aux Indiens libres, et dans ce désert s'élève une « croix
sacrée », devant laquelle ils se réunissent dans les grandes solennités
pour entendre « la voix de Dieu » sortant de la pierre ; c'est elle qui
désigne les chefs, prononce la paix et la guerre, condamne ou par-
donne les coupables. Un prêtre catholique ayant osé pénétrer dans le
pays, on l'amena devant la croix, qui ordonna de le mettre à mort[1]. »

LES CROIX DE LA GASPÉSIE

C'est en Gaspésie surtout, dans l'Amérique du Nord, sur les bords
du golfe de Saint-Laurent, que la croix était en vénération. Là, nous
voyons tout un peuple, depuis les vieillards et les chefs du grand
conseil jusqu'aux petits enfants, rendre à la croix un culte enthousiaste.

Le P. Chrétien Le Clercq écrit dans sa *Relation de la Gaspésie* :
« Je ne sais quel jugement vous ferez de la manière que nos sauvages
disent avoir reçu la croix, selon la tradition de leurs ancêtres, qui
porte que, leur pays étant affligé d'une maladie très dangereuse et
pestilentielle, qui les réduisait dans une extrême disette de toutes choses,
et qui en avait déjà mis plusieurs dans le tombeau, quelques vieillards
de ceux qu'ils estimaient les meilleurs, les plus sages et les plus considérables, s'endormirent tous accablés de langueur et de chagrin de
voir une désolation si générale et la ruine prochaine de toute la nation
gaspésienne, si elle n'était promptement soulagée par un puissant secours du soleil, qu'ils reconnaissent, comme nous avons dit, pour
leur divinité. Ce fut, disent-ils, dans ce sommeil plein d'amertume,
qu'un homme beau par excellence leur apparut, avec une croix à la
main, qui leur dit de prendre bon courage, de s'en retourner chez
eux, de faire des croix semblables à celle qu'on leur montrait, et de

<hr>

1. Élisée Reclus, *Géographie universelle*, t. XVII, 1891.

les présenter aux chefs de famille, les assurant que, s'ils les recevaient avec estime, ils y trouveraient indubitablement le remède à tous leurs maux.

« Comme les sauvages sont crédules aux songes jusqu'à la superstition, ils ne négligèrent pas celui-ci dans leur extrême nécessité. Ainsi ces bons vieillards retournèrent aux cabanes d'où ils étaient partis le jour précédent. Ils firent une assemblée générale de tout ce qui restait d'une nation mourante ; et tous ensemble conclurent, d'un commun accord, que l'on recevrait avec honneur le sacré signe de la croix qu'on leur présentait du ciel, pour être la fin de leurs misères et le commencement de leur bonheur : comme il arriva en effet, puisque la maladie cessa, et que tous les affligés qui portèrent respectueusement la croix furent guéris miraculeusement.

« Les avantages qu'ils en reçurent leur en firent espérer de bien plus considérables dans la suite ; c'est pourquoi ils se proposèrent tous de ne décider aucune affaire, ni d'entreprendre aucun voyage, sans la croix....

« Après donc la résolution prise dans leur conseil qu'ils porteraient toujours la croix, sans en excepter même les petits enfants, pas un sauvage n'eût jamais osé paraître devant les autres sans avoir en sa main, sur sa chair ou sur ses habits, ce signe sacré de leur salut : en sorte que, s'il était question de décider quelque chose de conséquent touchant la nation, soit pour conclure la paix ou déclarer la guerre contre les ennemis de la patrie, le chef convoquait tous les anciens, qui se rendaient ponctuellement au lieu du conseil, où, étant tous assemblés, ils élevaient une croix haute de neuf à dix pieds, ils faisaient un cercle et prenaient leur place, avec chacun leur croix à la main, laissant celle du conseil au milieu de l'assemblée. Ensuite le chef, prenant la parole, faisait ouverture du sujet pour lequel il les avait convoqués au conseil, et tous ces porte-croix disaient leur sentiment. Que s'il était question d'envoyer quelques députés à leurs voisins ou à quelque autre nation étrangère, le chef nommait et faisait entrer dans le cercle celui de la jeunesse qu'il connaissait le plus propre pour l'exécution de leur projet ; et, après lui avoir dit publiquement le choix qu'on avait fait de sa personne pour le sujet qu'on lui communiquait, il tirait de son sein une croix admirablement belle, qu'il tenait enveloppée dans tout ce qu'il pouvait avoir de plus précieux, et, la montrant avec révérence à toute l'assemblée, il faisait, par une harangue préméditée, le récit des grâces et des bénédictions que toute la nation gaspésienne avait reçues par le secours de la croix. Il ordonnait ensuite au député de s'approcher et de la recevoir avec révérence, et, la lui mettant au col : « Va, lui disait-il, conserve cette croix qui te préservera de tous dangers auprès de ceux auxquels nous t'envoyons. » Les anciens approuvaient, par leurs acclamations ordinaires de *hoo, hoo, hoo*, ce que le chef avait dit.

« L'ambassadeur sortait donc du conseil, la croix au col, comme la marque honorable et le caractère de son ambassade ; il ne la quittait que le soir pour la mettre sur sa tête, dans la pensée qu'elle chasserait tous les méchants esprits pendant son repos. Il la conservait toujours avec soin jusqu'à l'accomplissement de sa négociation, qu'il la remettait entre les mains du chef, avec les mêmes cérémonies qu'il l'avait reçue, en plein conseil, où, devant l'assemblée, il faisait rapport de l'issue de son voyage.

« Enfin, ils n'entreprenaient rien sans la croix : le chef la portait lui-même à la main en forme de bâton, lorsqu'il marchait en raquettes, et il la plaçait dans le lieu le plus honorable de sa cabane. S'ils s'embarquaient sur l'eau dans leurs petits canots d'écorce, ils y mettaient une croix à chaque bout, croyant religieusement qu'elle les préserverait du naufrage.

« Voilà quels étaient les sentiments d'estime et de vénération de nos anciens Gaspésiens pour la croix, qui subsistent encore aujourd'hui dans les cœurs de nos porte-croix, puisqu'il n'y en a pas un qui ne la porte dessus ses habits ou dessus sa chair. Les langes et les berceaux des petits enfants en sont toujours ornés ; les écorces de la cabane, les canots et les raquettes en sont tous marqués. On connaît assez les lieux de la sépulture de ces peuples par la croix qu'ils plantent sur leurs tombeaux ; et leurs cimetières, distingués par ce signe de salut, paraissent plutôt chrétiens que sauvages.

« Les lieux de pêche et de chasse les plus considérables sont distingués par les croix qu'ils y plantent ; et on est agréablement surpris, en voyageant dans leur pays, de rencontrer de temps en temps des croix sur le bord des rivières, à double et à trois croisés, comme celles des patriarches. En un mot, ils font tant d'estime de la croix, qu'ils ordonnent qu'elle soit enterrée avec eux dans un même cercueil, après leur mort, dans la croyance que cette croix leur fera compagnie dans l'autre monde, et qu'ils ne seraient pas connus de leurs ancêtres s'ils n'avaient avec eux la marque et le caractère honorables qui distinguent les porte-croix de tous les autres sauvages de la Nouvelle-France[1]. »

En lisant tant de détails si précis, on se demande s'il s'agit de peuplades sauvages ou d'une communauté catholique. Sommes-nous en Gaspésie, ou au Paraguay ? Le P. Le Clercq est comme troublé lui-même par la révélation qu'il nous a faite du culte des Gaspésiens pour la croix, et il cherche en présence de quelles croix il se trouve. Sont-elles chrétiennes ? sont-elles préchrétiennes ?

Par moments, le missionnaire conjecture que ses chers sauvages doivent avoir entendu « la voix des apôtres ». Mais le plus souvent il pense que ces croix sont antérieures au christianisme. « Nos sauvages gaspésiens, dit-il, virent avec autant de joie que de surprise, dans leur pays, une croix semblable à celle qu'ils adoraient sans la connaître ;… c'étaient des Athéniens d'un nouveau monde qui rendaient leurs hommages et leurs adorations à la croix d'un Dieu qui leur était inconnu[2]. »

Alexandre de Humboldt est fort embarrassé pour se prononcer sur l'origine des croix de la Gaspésie. Ont-elles précédé ou suivi l'avènement du christianisme ? Il n'en sait rien. « Les croix remarquées par le P. Le Clercq à Gaspé, dit-il, pourraient bien être des croix chrétiennes. »

Nous pensons, — et l'illustre savant ne condamne point notre opinion, puisqu'il doute lui-même, — nous pensons que ces croix pourraient aussi bien être des croix préchrétiennes : il y a même plus d'apparence qu'il en est ainsi. Nous l'avouons franchement, ces croix, que les chefs de la nation, les membres du grand conseil, les ambassadeurs, portent au cou ; que tous les indigènes ont imprimées sur leurs vêtements ou tatouées sur leur corps ; qui protègent leurs canots d'écorce, quand ils partent pour un voyage plus ou moins périlleux ; que l'on voit avec deux ou trois croisés, comme les croix des patriarches, dans les champs ou au bord des rivières, dans les endroits les plus favorables à la pêche ou à la chasse ; qui protègent les enfants dans leurs berceaux et les morts dans leurs tombes ; ces croix si nombreuses, et vénérées par tout un peuple avec une confiance si enthousiaste, nous avaient d'abord fort étonné. Un moment même, nous avons été tenté de les regarder comme des croix chrétiennes, et de penser que nous

1. *Nouvelle relation de la Gaspésie,* par le P. Le Clercq.
2. *Épître* à Mme d'Épinoy.

avions devant nous les restes d'une civilisation qui avait fini, dans son extrême vieillesse, par perdre la mémoire de ses origines évangéliques.

Mais en relisant avec plus d'attention le P. Le Clercq, nous avons trouvé dans sa *Relation* plusieurs détails qui ont à nos yeux une importance capitale : ils ne permettent guère d'admettre que les Gaspésiens aient jamais entendu l'Évangile.

D'abord, ces peuples adoraient le soleil, qu'ils regardaient comme le créateur du monde. Or il est à peu près impossible, il est du moins inouï dans l'histoire, qu'un peuple, après avoir professé le christianisme, l'ait abandonné pour descendre ou retourner au culte des astres. Les Gaspésiens adoraient le soleil : c'est une preuve qu'ils n'avaient jamais adoré Notre Seigneur Jésus-Christ.

Autre raison : « Ces peuples, dit le P. Le Clercq, ignoraient absolument les mystères de l'Incarnation et de la Rédemption, et l'on ne trouva jamais l'image du Christ sur aucune de leurs croix. Ils ne semblaient pas non plus avoir jamais entendu parler des sacrements, et le baptême, qu'ils reçurent d'ailleurs très volontiers, leur était inconnu. » Comment supposer que les habitants de la Gaspésie, s'ils avaient jamais été chrétiens, auraient pu en venir à oublier les mystères fondamentaux du christianisme, au point de ne pas même connaître le crucifix ? L'idée de la Rédemption serait certainement restée attachée à leurs croix, si elles avaient été des croix chrétiennes. Quand on a connu Jésus-Christ, on peut, hélas ! cesser de l'aimer, on peut le haïr, le persécuter, on peut essayer de déshonorer son adorable physionomie ; mais le souvenir du Christ Sauveur vous poursuit partout comme un remords : on ne peut pas l'oublier !

Ces réflexions ne se sont peut-être pas présentées à Alexandre de Humboldt, — il était protestant ; — elles ne nous semblent pas moins décisives en faveur de l'origine préchrétienne des croix de la Gaspésie.

ALBUM

CONTENANT 400 GRAVURES REPRODUITES

D'APRÈS

LES MONUMENTS DE L'ANTIQUITÉ

LA CROIX ET LA DIVINITÉ

CHAPITRE PREMIER

MYSTÈRE DE LA CROIX PRÉCHRÉTIENNE

INSTRUMENT DE MORT ET SIGNE DE VIE

FIGURES 1, 2 ET 3.

Croix en tau et croix latine, instruments de supplice.

FIGURE 4.

Les croix du Calvaire (*The Legendary History of the Cross.* Veldener, 1483).

FIGURES 5 ET 6.

Croix ansée (croix en tau et croix latine), signe de vie, de la vie éternelle (Champollion-Figeac, *l'Égypte ancienne*, p. 127. — Raoul Rochette, *Premier Mémoire sur l'Hercule assyrien et phénicien.* — Ker-Porter, *Travels in Georgia, Persia, Armenia*, vol. 2. Tomb. of Daniel.— M. de Rougé, *Notice sommaire des monuments du Louvre*, etc., p. 108. — Marquis de Nadaillac, *l'Amérique préhistorique*, p. 176. — M. Maspéro, *l'Archéologie égyptienne*, p. 274).

« Ces croix de formes diverses nous montrent un symbole de la vie éternelle » (Waring, *Ceramic Art*, p. 10).

Fig. 1.   Fig. 2.   Fig. 3.

Fig. 4.

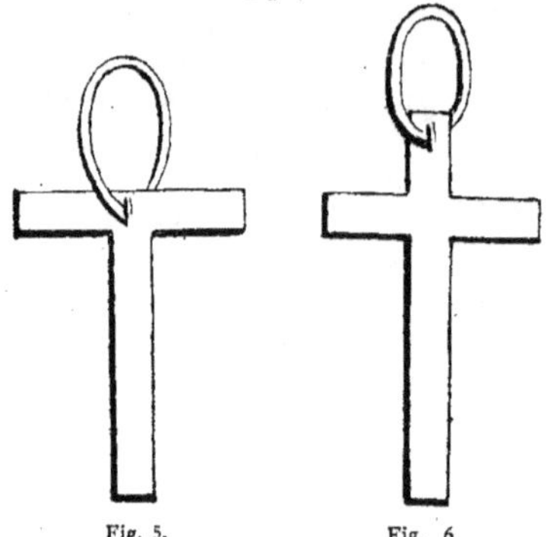

Fig. 5.   Fig. 6.

CHAPITRE II

LA CROIX ET L'UNITÉ DE DIEU

LA CROIX, SYMBOLE DE L'UNITÉ DE DIEU

FIGURE 7.

Dieu représenté par une croix dans un cercle. — Bas-relief de Nimroud (Vigouroux, *la Bible et les découvertes modernes*, t. Ier, p. 225).

FIGURE 8.

Ou sous une forme humaine entourée de flammes et de rayons, « comme dans la vision d'Ézéchiel ». — Bas-relief de Ninive (Vigouroux, *la Bible*, etc., t. IV, p. 396).

Fig. 7.

Fig. 8.

La croix et l'unité de Dieu (suite).

La croix, symbole de l'unité de Dieu (suite).

FIGURE 9.

Dieu représenté par une croix dans un cercle, ou sous une forme humaine entourée de flammes et de rayons (Ludvig Müller, *l'Emploi et la signification dans l'antiquité du signe dit la Croix gammée. —* Pl. nᵒˢ 1, 2, 3, 10, 11, 12).

FIGURE 10.

Le Swastika, ou croix gammée, symbole du Dieu unique des Aryens, Dyaus ou Zeus; de Thor, chez les anciens Scandinaves; de Perrun ou Perkun, chez les Slaves et les Teutons; du Dieu unique chez les Troyens, les Pélasges. Le Swastika exprimait figurément le mot Θεός, qui correspond à *Déva* (M. Greeg, cité par Schliemann, *Troie*, p. 525. — Ludvig Muller, *l'Emploi et la signification dans l'antiquité du signe dit la Croix gammée.* Résumé, p. 104, 105, 106).

FIGURE 11.

La croix de Palenque, « symbole du Dieu unique des Mayas » (F. de La Rochefoucault, *Palenque et la civilisation maya*, p. 23).

« Ces croix de formes diverses : croix en T, croix ansées, croix grecques, croix de Malte, swastikas, nous montrent les variations d'un symbole de la Divinité » (Waring, *Ceramic Art*, p. 110).

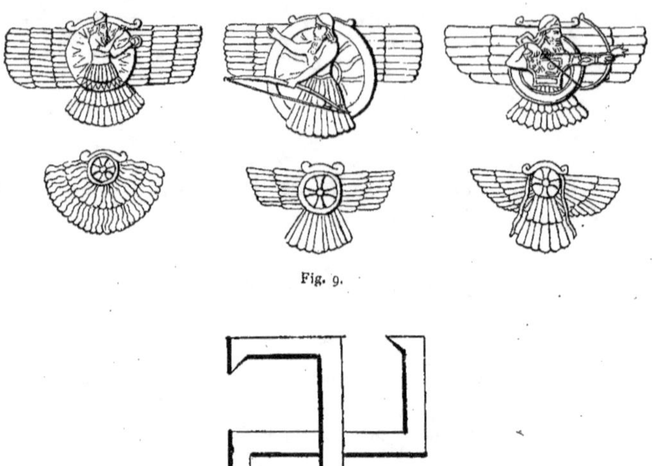

Fig. 9.

Fig. 10.

Fig. 11.

La croix et l'unité de Dieu (suite).

LA CROIX, ATTRIBUT DU DIEU SUPRÊME

FIGURE 12.

Bouddha. Doubles croix grecques sur sa robe (Collection A. Bassan).

FIGURE 13.

Bouddha assis. Croix grecques sur l'autel. *Intérieur du sanctuaire de What Phou (Tour du monde*, 1870-1871, 2e semestre, p. 77).

FIGURE 14.

Bouddha, la tête nimbée. Swastikas ou croix gammées sur le socle (Japon, *collection Cernuschi*).

FIGURE 15.

Empreinte du pied de Bouddha sur le Amarâvat-Tope : Swastikas et autres croix (Schliemann, *Troie*, p. 521).

Fig. 12.

Fig. 13.

Fig. 14.

Fig. 15.

La croix et l'unité de Dieu (suite).

La croix, attribut du Dieu suprême (suite).

FIGURE 16.

Baal. Au-dessus de sa tête, croix de Malte et croix grecque. Stèle punique, d'après Gésénius *(Monumenta,* pl. 23, n° 60).

FIGURE 17.

Zeus assis, le foudre à la main. Robe couverte de croix grecques (Collignon, *Mythologie figurée de la Grèce*, p. 30).

FIGURE 18.

Tarann tenant un marteau, symbole de la foudre. Caracalla gauloise marquée de plusieurs croix (Gaidoz, *Religion gauloise*, pl. 1).

Fig. 16.

Fig. 17.

Fig. 18.

CHAPITRE III

LA CROIX ET LA TRIADE DIVINE

LA CROIX, SYMBOLE DE LA TRIADE DIVINE

FIGURES 19 ET 20.

Tables chinoises du Ho-tou et du Lo-chou, où la croix symbolise la Trinité (Prémare, *Vestiges des dogmes chrétiens tirés des anciens livres chinois*. Traduction de Bonnetty, p. 249).

FIGURE 21.

Les triades divines assyrienne et phénicienne, représentées par la croix ansée. « L'emblème placé dans la partie supérieure de plusieurs monuments figurés, assyriens, phéniciens ou persiques, et qui représente une triade divine, affecte constamment la disposition cruciale.

« La croix ansée serait donc, si je ne m'abuse, la reproduction abrégée et linéaire de l'emblème primitif de la triade, plus ou moins modifié.

(Félix Lajard, *Observations sur l'origine et la signification du symbole appelé la Croix ansée. — Académie des Inscriptions*, t. XVII).

FIGURE 22.

Croix ansée adorée sur une stèle punique de Lilybée, avec un autre symbole de la triade carthaginoise (Philippe Berger, *Revue archéologique*, avril 1884).

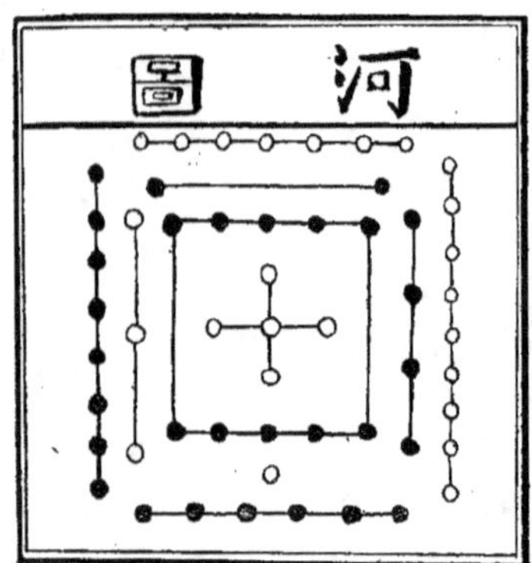

Fig. 19.

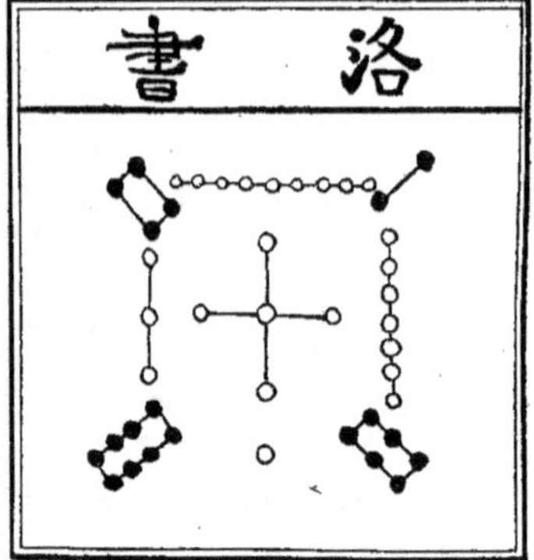

Fig. 20.

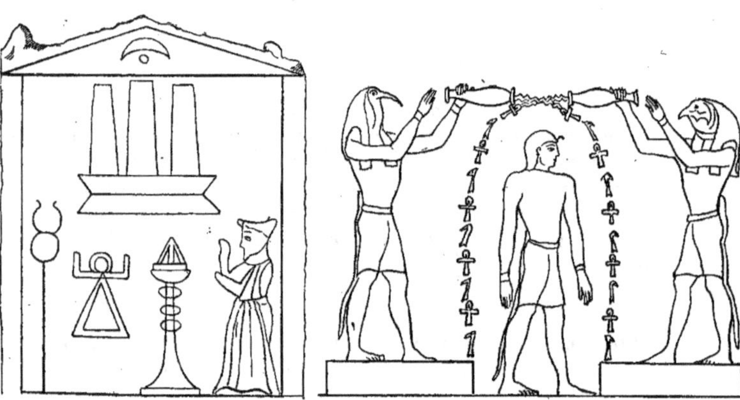

Fig. 22.

Fig. 21.

La croix et la triade divine (suite).

LA CROIX, ATTRIBUT DES TROIS PERSONNES

DE LA TRIADE DIVINE

FIGURE 23.

Les trois personnes de la triade égyptienne, une croix ansée à la main, recevant les offrandes de Tibère (Champollion, *Égypte ancienne,* pl. 90).

FIGURE 24.

Ammon, Mount et Khons, dieux de la triade de Thèbes. Ammon et Mount ont la croix ansée à la main ; Khons tient des deux mains un sceptre terminé en croix (Vigouroux, *Dictionnaire de la Bible,* au mot Ammon).

Fig. 23.

Fig. 24.

La croix et la triade divine (suite).

La croix, attribut des trois personnes de la triade divine (suite)

FIGURE 25.

Autel dédié à la triade bouddhique. Les trois Bouddhas avec le swastika sur la poitrine (*Mémoires sur la Chine*, Religion, p. 65).

FIGURE 26.

Statue tricéphale de Reims, symbole de la triade gauloise. Trois croix grecques.

FIGURE 27.

La triple Hécate, *tria virginis ora Dianæ*, symbole de la triade grecque et romaine. Une croix en T sur chacune de ses trois têtes (Montfaucon, *l'Antiquité expliquée*, supplément, t. II, p. 211).

Fig. 25.

Fig. 26.

Fig. 27.

CHAPITRE IV

LA CROIX ET LE SAUVEUR

FIGURE 28.

« Une croix avec un prolongement supérieur dont la croisée est une anse allongée, signifie : Soutien, Vengeur et Sauveur » (Champollion, *Grammaire égyptienne*, p. 60).

FIGURE 29.

Dans l'écriture démotique de l'Inscription de Rosette, la croix grecque a le sens de Sauveur, Cωτηρ.

FIGURE 30.

Médaille bouddhique du Pandjab. Le Sauveur à cheval tenant des deux mains une croix grecque, avec cette inscription : CΩΤΗΡ ΜΕΓΑC BACIΛΕΥC BACIΛΕΩΝ, *le grand Sauveur, Roi des rois* (Wilson, *Ariana antiqua*, Londres, 1841).

Fig. 28.

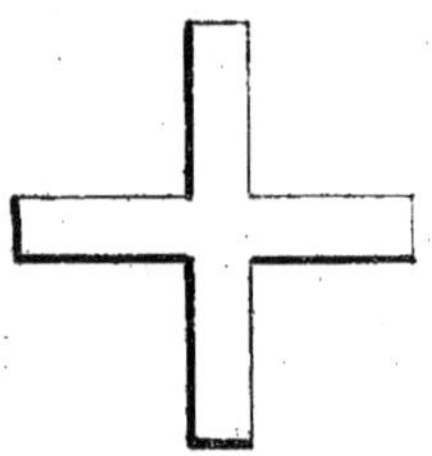

Fig. 29.

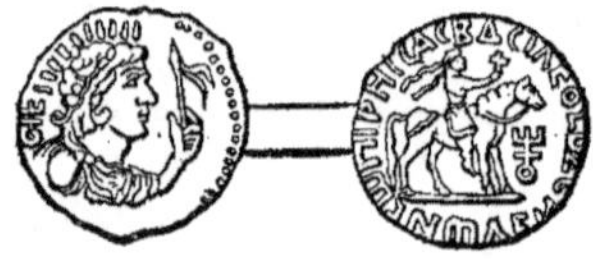

Fig. 30.

CHAPITRE V

ADORATION DE LA CROIX

ADORATION DE LA CROIX EN ÉGYPTE ET EN CHINE

FIGURE 31.

La croix sur un autel égyptien (Bosio, *Crux triumphans*, cáp. ix).

FIGURE 32.

La croix au disque et aux rayons d'Aten-Ré, le dieu du soleil (Prisse d'Avennes, *l'Art égyptien*, p. 26).

FIGURE 33.

Un hiéroglyphe chinois représentant l'adoration de la croix (P. de Prémare, *Vestiges des dogmes chrétiens tirés des anciens livres chinois*, p. 399).

FIGURE 34.

La croix de fer du Ta-ouang-miao (Mgr Rouger, *Lettre aux Missions catholiques*, novembre 1886).

FIGURE 35.

Deux autres croix de fer, semblables à celle du Ta-ouang-miao, trouvées à Nankin (P. Gaillard, *Études religieuses*, octobre 1893).

Fig. 31.

Fig. 32.

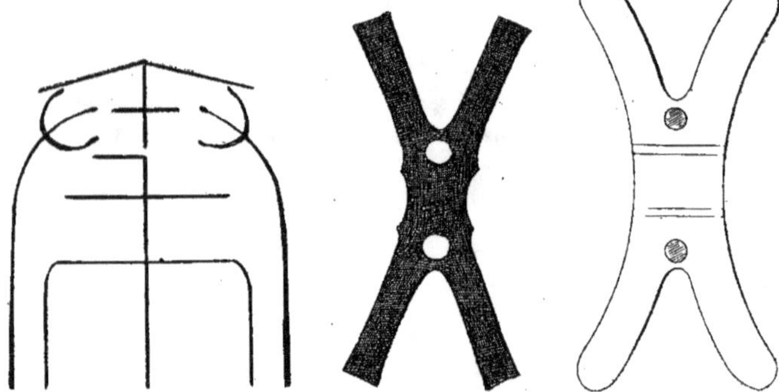

Fig. 33.   Fig. 34.   Fig. 35.

Adoration de la croix (suite).

ADORATION DE LA CROIX EN AMÉRIQUE

FIGURE 36.

La croix de Tlaloc ou de la bonne pluie (Musée du Trocadéro, collection Charnay, n° 10394).

FIGURE 37.

Autre croix de Tlaloc (Musée du Trocadéro, collection Charnay, n° 6396).

FIGURE 38.

Les croix de Lorillard (Désiré Charnay, *Voyage au Yucatan et au pays des Lacandons. — Tour du monde*, 1884, 1ᵉʳ semestre, p. 93).

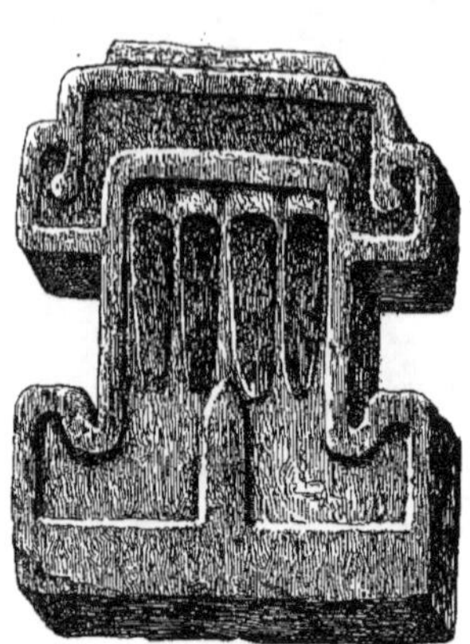

Fig. 36.

Fig. 37.

Fig. 38.

Adoration de la croix (suite).

Adoration de la croix en Amérique (suite).

FIGURE 39.

Adoration de la croix dans un temple du Soleil, à Palenque (Maler, *La Nature, Revue des sciences,* 1879).

FIGURE 40.

Autre bas-relief représentant l'adoration de la croix (Désiré Charnay, *Mes découvertes au Mexique. — Tour du monde,* 1881, 2ᵉ sem., p. 322).

Fig. 39.

Fig. 40.

CHAPITRE VI

LA CROIX, ATTRIBUT DES DIVINITÉS

DU PANTHÉON HINDOU, ÉGYPTIEN, GREC, ROMAIN, MEXICAIN

FIGURE 41.

Wichnou tenant de chaque main la tchakras ou croix de flamme (Sonnerat, *Voyage aux Indes*, etc.).

FIGURE 42.

Le foudre d'Indra en forme de croix (*Études religieuses*, octobre 1893).

FIGURE 43.

Le dieu égyptien Maou, l'Intelligence divine, entre le ciel et la terre : croix ansées dans les mains et dans les bras (Prisse d'Avennes, *l'Art égyptien*, p. 33).

FIGURE 44.

Dieu égyptien : croix grecque sur la tête (*Revue encyclopédique*, 15 janvier 1892).

Fig. 41.

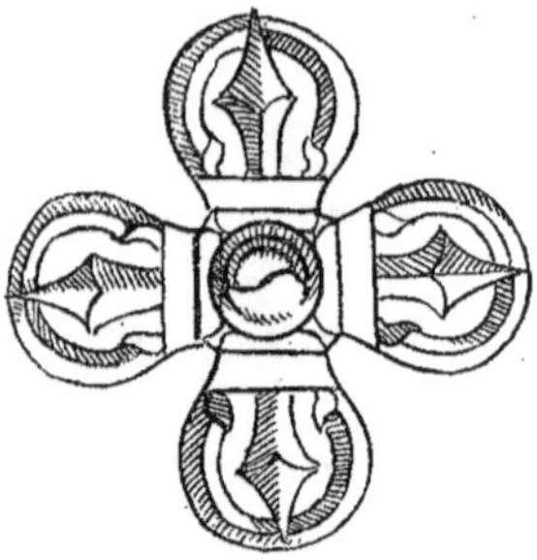

Fig. 43.

Fig. 42.

Fig. 44.

La croix, attribut des divinités du panthéon hindou, égyptien, grec, romain, mexicain (suite).

FIGURE 45.

Dieu égyptien tenant un sceptre en croix (*Description de l'Égypte. — Antiquités,* t. I, pl. 95).

FIGURE 46.

L'empereur Auguste faisant une offrande à Horus : le dieu égyptien tient une croix ansée (V. Duruy, *Histoire des Romains,* t. III, p. 614).

FIGURE 47.

Dieu Canope avec un sceptre en croix (Bosio, *Crux triumphans*).

FIGURE 48.

Ammon Knouphis présidant à l'inondation du Nil, une croix dans chaque main (Ménard, *Histoire des anciens peuples de l'Orient*).

FIGURE 49.

Bœuf Apis : marques hiératiques en forme de croix (Bronze. — *Musée du Louvre*).

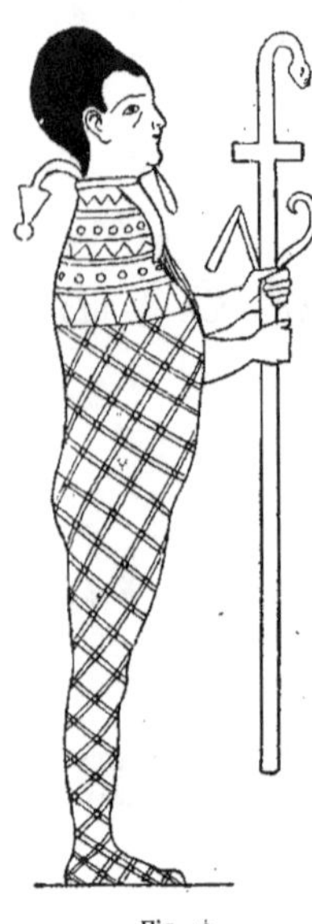

Fig. 45.

Fig. 46.

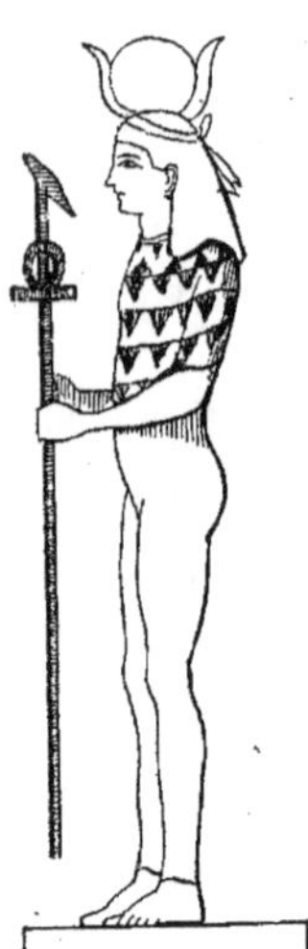

Fig. 47.

Fig. 48.

Fig. 49.

La croix, attribut des divinités du panthéon hindou, égyptien, grec, romain, mexicain (suite).

FIGURE 5o.

Naissance d'Athéna. Tous les dieux présents ont des croix sur leur robe (Peinture de vase, d'après les *Monumenti dell' Inst. archeol.*, III, tav. XLIV).

FIGURE 5r.

Naissance d'Athéna. Zeus le foudre à la main; sa robe est couverte de croix (Collignon, *Mythologie figurée*, p. 67).

FIGURE 52.

Jupiter de Tarse : croix ansée sous son trône. Monnaie de Tarse (Heuzey, *les Fragments de Tarse,* fig. 2).

FIGURE 53.

Jupiter Axur, un sceptre croisé à la main (Millin, *Galerie mythologique,* t. I).

FIGURE 54.

Vénus et les Dioscures. La déesse tient un long sceptre terminé en croix ; Castor et Pollux ont sur la tête une croix grecque (Ludvig Muller, *Religiose symboler*, p. 8. Kjobenhavn, 1864).

Fig. 5o.

Fig. 51.

Fig. 52.

Fig. 53.

Fig. 54.

La croix, attribut des divinités du panthéon hindou, égyptien, grec, romain, mexicain (suite).

FIGURE 55.

Athéna armée. Croix grecques et swastikas sur sa tunique (d'après un vase peint d'Andokidès, musée de Berlin).

FIGURE 56.

La chouette, une croix sur la tête (Bosio, *Crux triumphans*, p. 472).

FIGURE 57.

Vénus tenant un long sceptre croisé. Monnaie de Byblos (Donaldson, *Architectura numismatica*, n° 20).

FIGURE 58.

La colombe, une croix sur la tête (*Revue encyclopédique*, 15 janvier 1892).

Fig. 55.

Fig. 56.

Fig. 57.

Fig. 58.

La croix, attribut des divinités du panthéon hindou, égyptien, grec, romain, mexicain (suite).

FIGURE 59.

Héra dans un temple tétrastyle : croix de Saint-André sur la poitrine. Revers d'une monnaie de l'impératrice Etruscilla.

FIGURE 60.

Héra : croix sur sa robe (Collignon, *Mythologie figurée*, p. 54).

FIGURE 61.

Apollon tenant un sceptre croisé. Revers d'une monnaie de Gallien.

FIGURE 62.

Trépied de la prêtresse d'Apollon : deux swastikas (Ludvig Muller, *la Croix gammée*, p. 13).

Fig. 59.

Fig. 60.

Fig. 61.

Fig. 62.

*La croix, attribut des divinités du panthéon hindou,
égyptien, grec, romain, mexicain* (suite).

FIGURE 63.

Diane entre le soleil et la lune, une croix sur la tête (Gemme du
musée de Naples).

FIGURE 64.

Artémis persique : pendants d'oreilles en croix ; swastikas et croix
grecques (Daremberg et Saglio, *Dictionnaire des antiquités grecques et
romaines,* au mot DIANA).

FIGURE 65.

Artémis asiatique : robe constellée de croix (Patère de Lampsaque,
au musée de Sainte-Irène, à Constantinople).

Fig. 63.

Fig. 64.

Fig. 65.

*La croix, attribut des divinités du panthéon hindou,
égyptien, grec, romain, mexicain* (suite).

FIGURE 66.

Combat d'Artémis et d'Apollon contre Tityos : la robe d'Artémis est
couverte de croix grecques. — Sur une amphore du Louvre (Daremberg
et Saglio, *Dictionnaire,* au mot DIANA).

FIGURE 67.

Artémis asiatique tirant de l'arc : croix grecques sur sa robe (Daremberg et Saglio, *Dictionnaire,* au mot DIANA).

FIGURE 68.

Artémis et Io : Artémis tient un flambeau en croix; croix sur sa
robe (Daremberg et Saglio, *Dictionnaire,* au mot DIANA).

FIGURE 69.

Bacchus : croix sur sa robe (Musée de Berlin).

FIGURE 70.

Bacchus et un satyre qui joue de la flûte : croix sur la robe du dieu
(Coupe peinte. — Musée de Berlin).

Fig. 66.

Fig. 67.

Fig. 68.

Fig. 69.

Fig. 70.

*La croix, attribut des divinités du panthéon hindou,
égyptien, grec, romain, mexicain* (suite).

FIGURE 71.

Bacchus tenant une tasse et une branche de lierre : bandeau orné de croix (d'après Millingen).

FIGURE 72.

Divinité inconnue, statue découverte à l'Acropole d'Athènes : robe constellée de croix (*Illustration*, 13 mars 1886).

FIGURE 73.

Le dieu mexicain Quetzalcoatl : manteau semé de croix (Docteur Hamy, *la Croix de Teotihuacan au musée du Trocadéro*).

FIGURE 74.

Un fétiche des Adoumas : face traversée par une large croix (*Tour du monde*, 1887; 2ᵉ semestre, p. 329).

Fig. 73.

Fig. 71.

Fig. 72.

Fig. 74.

CHAPITRE VII

LA CROIX DANS LES TEMPLES

TEMPLES PRÉCHRÉTIENS

FIGURE 75.

Le Birs-Nimroud ou ruines de la tour de Babel (Menant, *Ninive et Babylone*, p. 247).

FIGURES 76, 77, 78, 79, 80.

Temple chaldéen restitué. Coupe verticale de deux temples chaldéens. Coupe horizontale des mêmes temples offrant, l'un au cinquième, l'autre au sixième étage, un sanctuaire en forme de croix (Perrot et Chipiez, *l'Art dans l'antiquité. La Chaldée*, p. 389, 390, 393).

Fig. 75.

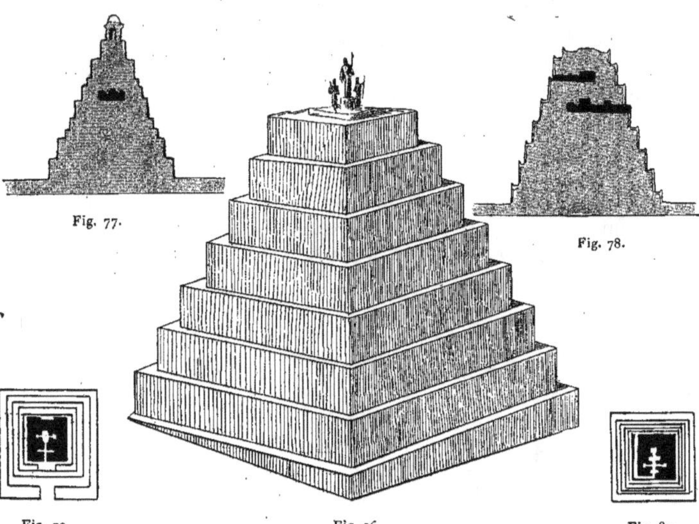

Fig. 77.

Fig. 78.

Fig. 79.

Fig. 76.

Fig. 80.

La croix dans les temples (suite).

Temples préchrétiens (suite).

FIGURE 81.

Temple du Sphinx : croix en T (Maspéro, *l'Archéologie égyptienne*, p. 64).

FIGURE 82.

Spéos de Kalaat-Addah : croix grecque (Maspéro, *l'Archéologie égyptienne*, p. 80).

Fig. 81.

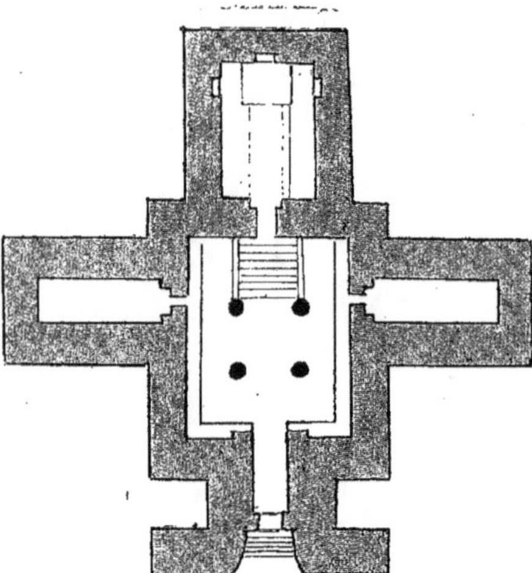

Fig. 82.

La croix dans les temples (suite).

Temples préchrétiens (suite).

FIGURE 83.

La Giganteia, à Gozzo (île de Malte), offrant l'aspect d'une double croix (Perrot et Chipiez, *l'Art dans l'Antiquité*, Phénicie, p. 298).

FIGURE 84.

Temple gallo-romain récemment découvert à Sanxai (Poitou) : croix grecque.

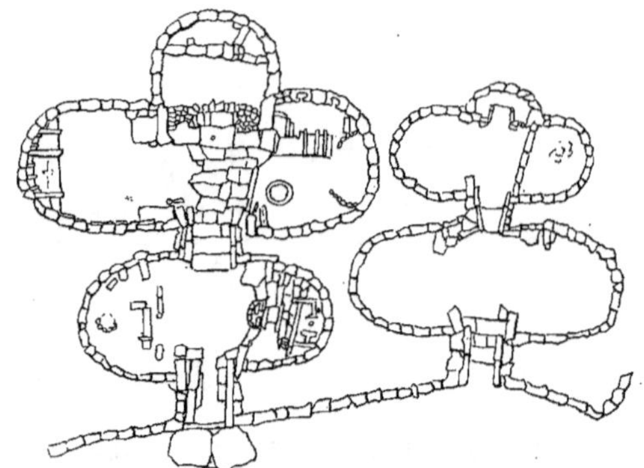

Fig. 83

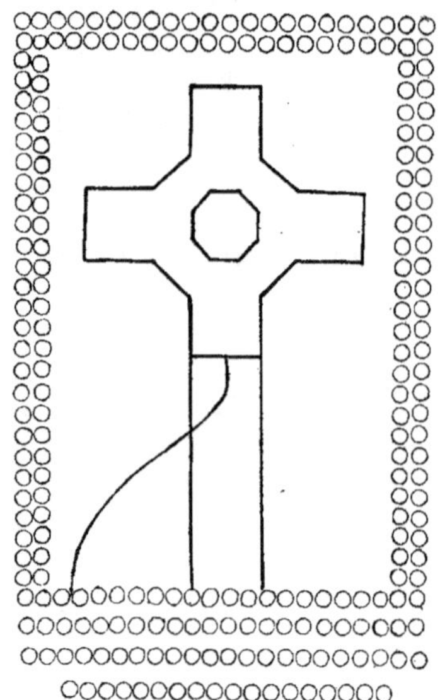

Fig. 84

La croix dans les temples (suite).

Temples préchrétiens (suite).

FIGURE 85.

Temple de la campagne romaine : croix grecque (Montfaucon, *Antiquité expliquée,* t. XII).

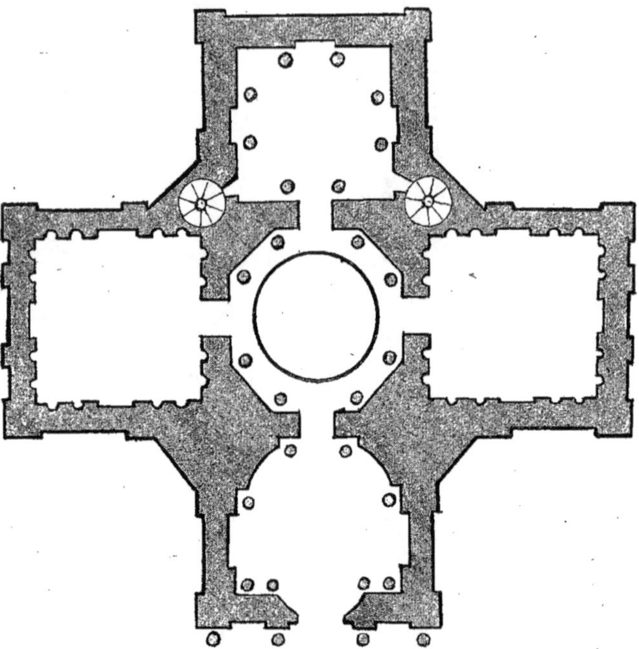

Fig. 85.

La croix dans les temples (suite).

Temples préchrétiens (suite).

FIGURE 86.

Temple de la campagne romaine : croix grecque avec une chapelle ronde à l'extrémité de chaque bras (Montfaucon, *l'Antiquité expliquée*, t. XII).

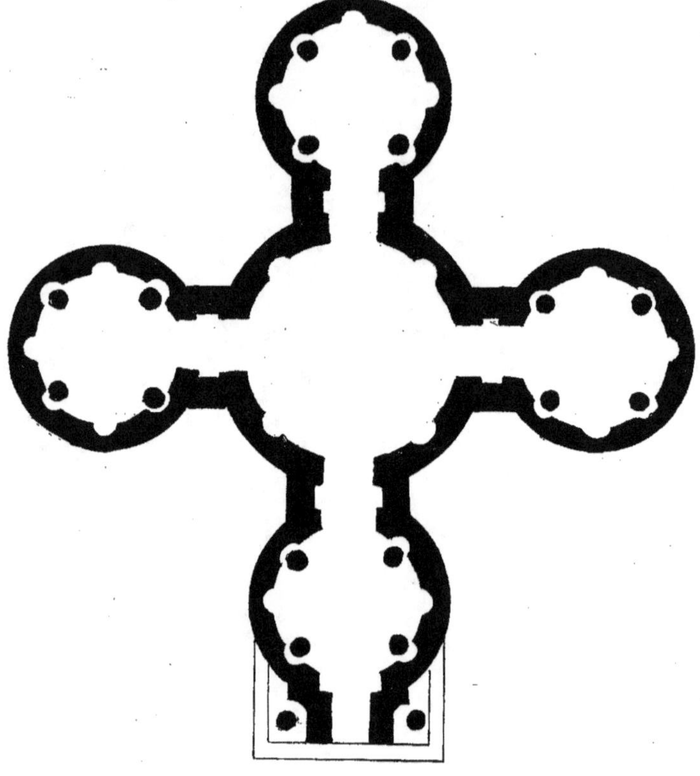

Fig. 86.

La croix dans les temples (suite).

Temples préchrétiens (suite).

FIGURES 87, 88, 89.

Temples de la campagne romaine : croix grecques (Montfaucon, *l'Antiquité expliquée*, t. XII).

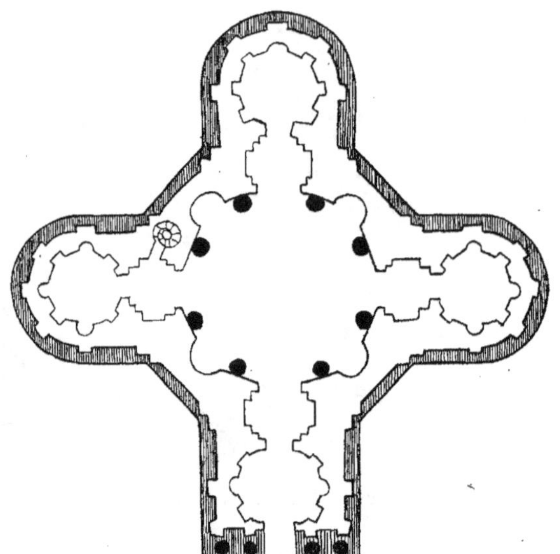

Fig. 87.

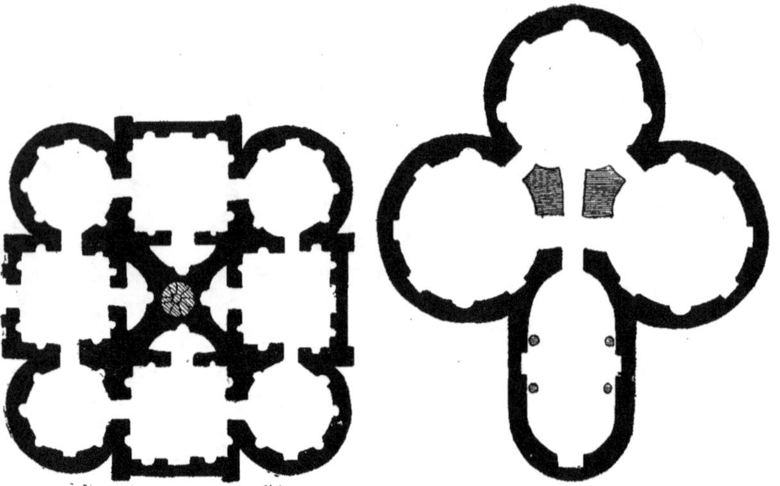

Fig. 88.

Fig. 89.

La croix dans les temples (suite).

PAGODES BRAHMANIQUES

FIGURE 90.

Pagode de Chillambaran : *The Cross and the serpent*, by William Haslam, p. 100.

FIGURE 91.

Baion. Disposition des tours. Monuments Khmers (Francis Garnier, *Voyage d'exploration dans l'Indo-Chine*, t. I, p. 21).

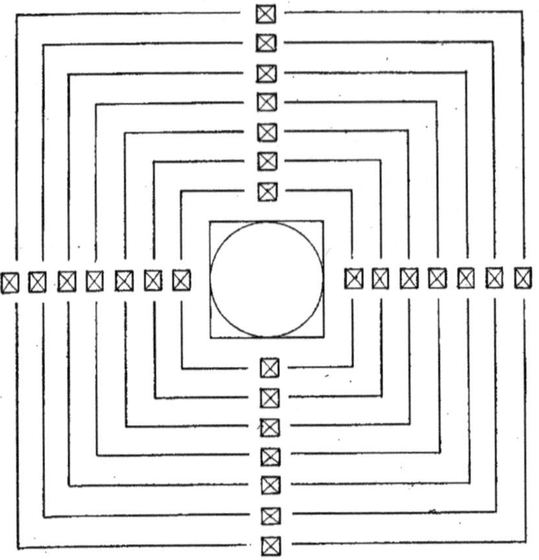

Fig. 90.

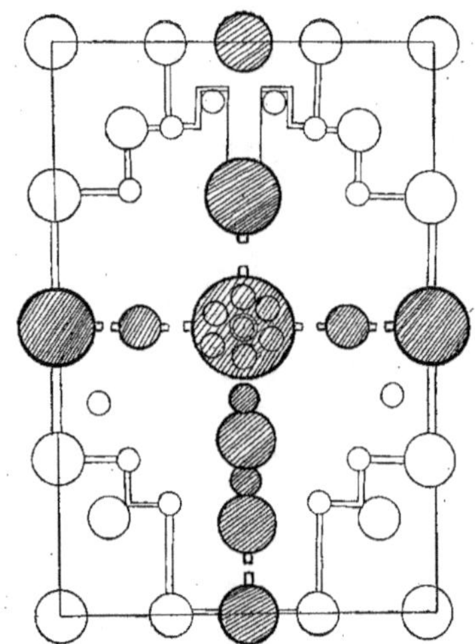

Fig. 91.

La croix dans les temples (suite).

Pagodes brahmaniques (suite).

FIGURE 92.

Petite pagode champêtre à Pah-Lay (Indo-Chine). Croix grecques sur la façade (*Tour du monde*, 1870-1871, 2ᵉ semestre, p. 104).

FIGURE 93.

Pagode de Bonteay. Coupe horizontale de la tour du milieu (Francis Garnier, *Voyage*, etc., pl. 21).

Fig. 92.

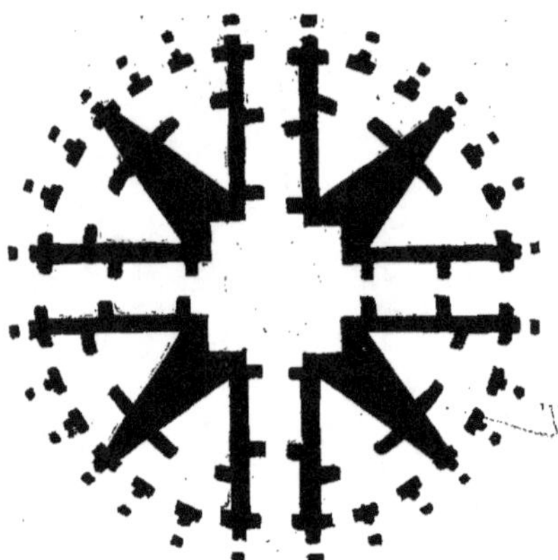

Fig. 93.

La croix dans les temples (suite).

Pagodes brahmaniques (suite).

FIGURE 94.

Plan de la pagode d'Ongkor (Cambodge). — (*Tour du monde*, 1863, 2ᵉ semestre, p. 3o2).

FIGURE 95.

Plan de la pagode de Pnom-Bachey (Francis Garnier, *Voyage*, etc., t. I, p. 89).

FIGURE 96.

Clocheton de la pagode de Wat-Chang (Siam). — (*Tour du monde*, 1863, 2ᵉ semestre, p. 237).

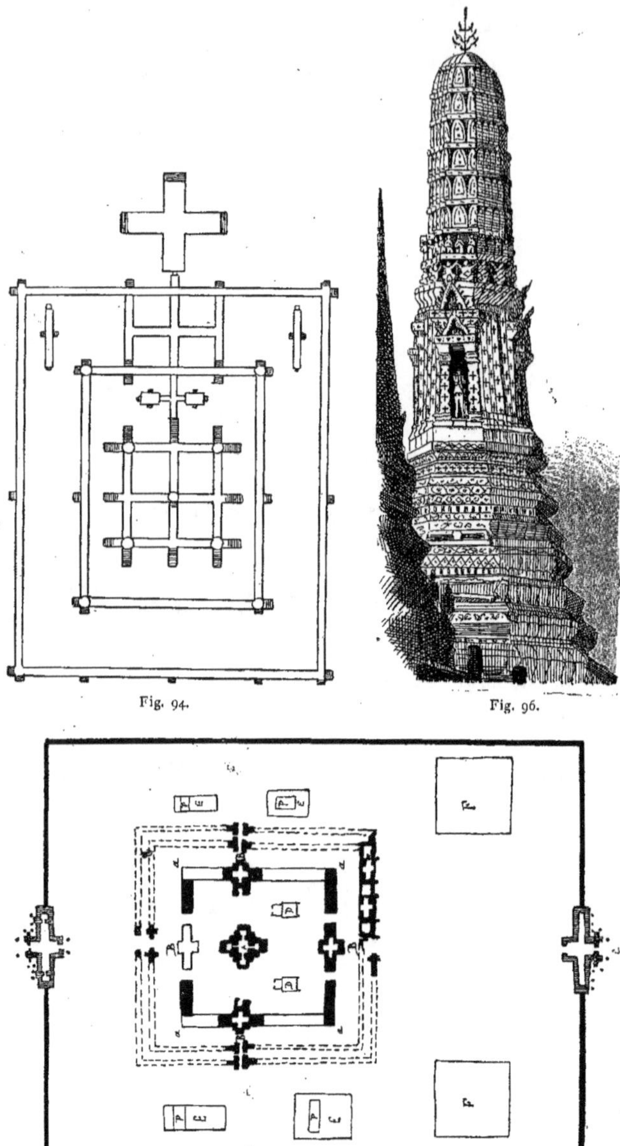

Fig. 94.

Fig. 96.

Fig. 95.

La croix dans les temples (suite).

CROIX SUR LES MINARETS DES MOSQUÉES

FIGURE 97.

Minaret penché de Sennam (Turkestan) — *(Tour du monde*, 1886, 1er semestre, p. 230).

FIGURE 98.

Mosquée à Bagdad (*Tour du monde,* 1885, 1er semestre, p. 136).

Fig. 97.

Fig. 98.

La croix dans les temples (suite).

CROIX SUR LA PORTE ET SUR LES MURS
DES TEMPLES

FIGURE 99.

Croix ansées sur les murs du temple de Jérusalem (Vigouroux, *la Bible et les découvertes modernes,* t. III, p. 487).

FIGURE 100.

Croix ansées sur la porte du temple de Seti, à Abydos (Vigouroux, *Dictionnaire de la Bible,* au mot AILE).

FIGURE 101.

Croix de Malte sur une muraille du temple de Philes (Mourant-Brock, *la Croix païenne et chrétienne,* p. 213).

FIGURE 102.

Croix latine sur la porte du temple élevé à la Clémence de César. Revers d'une monnaie d'argent de Jules César.

FIGURE 103.

Clou de cuivre avec une tête en croix. Trouvé dans un temple de la seconde ville préhistorique de la colline d'Hissarlik (Schliemann, *Troie,* p. 639, n° 103).

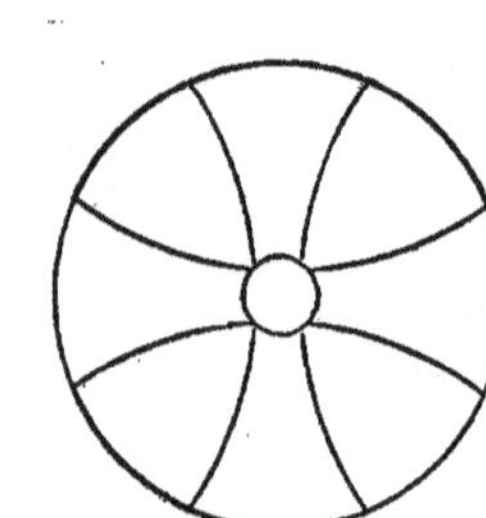

Fig. 101.

Fig. 102.

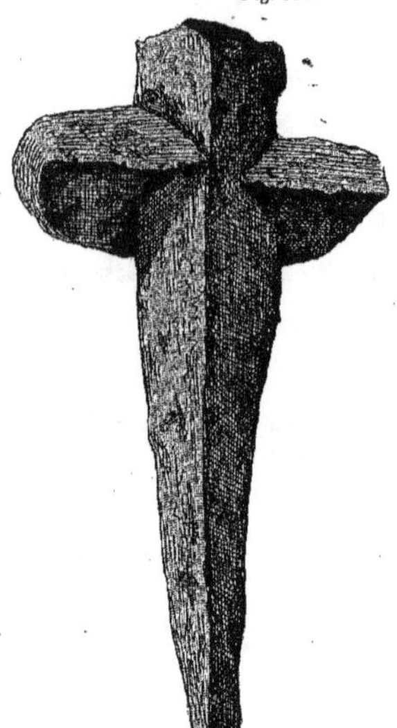

Fig. 103

Fig. 100.

Fig. 99.

CHAPITRE VIII

LA CROIX DANS LES SACRIFICES

CROIX SUR LES AUTELS

FIGURE 104.

Autel égyptien en forme de tau (Vigouroux, *la Bible et les découvertes modernes*, t. II, p. 535).

FIGURE 105.

Table d'offrandes en tau (Daremberg et Saglio, *Dictionnaire des antiquités grecques et romaines*, au mot Cœna).

FIGURE 106

Petit autel en pierre, portant sur la base un swastika (*Vallées françaises des Pyrénées*) (Musée de Toulouse).

FIGURE 107.

Autel de pierre en l'honneur de Jupiter très bon et très grand : Svastika entre deux croix grecques (Angleterre) (Ludvig Muller, *l'Emploi et la Signification de la croix gammée*).

FIGURE 108.

Table d'offrande égyptienne. Croix grecque (M. de Vogüé, *le Temple de Jérusalem*, p. 33).

FIGURE 109.

Autel de Mithra. Gâteau d'offrande marqué d'une croix (Waring, *Ceramic Art*, pl. 32, n° 1).

Fig. 104.

Fig. 106.

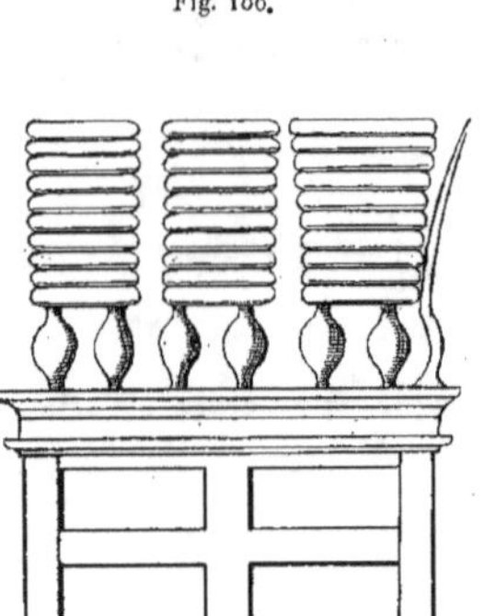

Fig. 105.

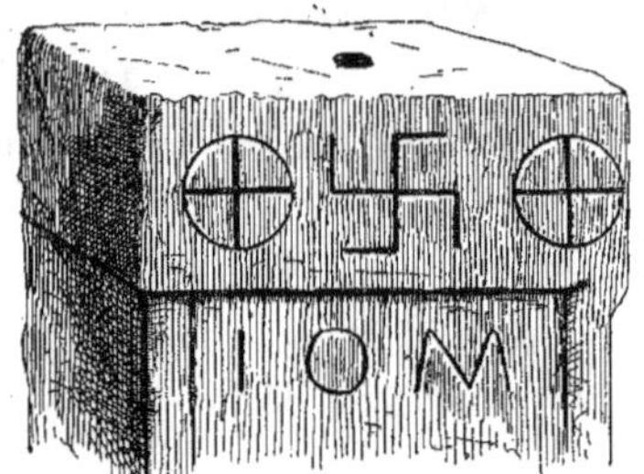

Fig. 107.

Fig. 108.

Fig. 109.

La croix dans les sacrifices (suite).

CROIX SUR LA ROBE DES PRÊTRES

SUR LES VICTIMES ET LES GATEAUX D'OFFRANDE

FIGURE 110.

Prêtresse de Diane. Robe semée de croix (Montfaucon, *l'Antiquité expliquée,* supplément, t. II, pl. xxvi).

FIGURE 111.

Victimaire. Tunique marquée de croix grecques (Montfaucon, *l'Antiquité expliquée.* Supplément, t. II, pl. xxvi).

FIGURE 112.

Druide. Bulle terminée en croix (Dom Martin, *la Religion des Gaulois,* t. I, p. 215).

FIGURE 113.

Un sacrificateur. Croix sur son justaucorps (Daremberg et Saglio, *Dictionnaire,* au mot Copis).

FIGURE 114.

Prêtresse du dragon des Hespérides. Croix sur sa robe (Daremberg et Saglio, *Dictionnaire,* au mot Draco).

FIGURE 115.

Porc destiné au sacrifice. Nombreuses croix (Schliemann, *Troie,* p. 805).

FIGURE 116.

Taureau destiné au sacrifice. Plusieurs croix (Wilkinson, d'après les monuments égyptiens de Thèbes).

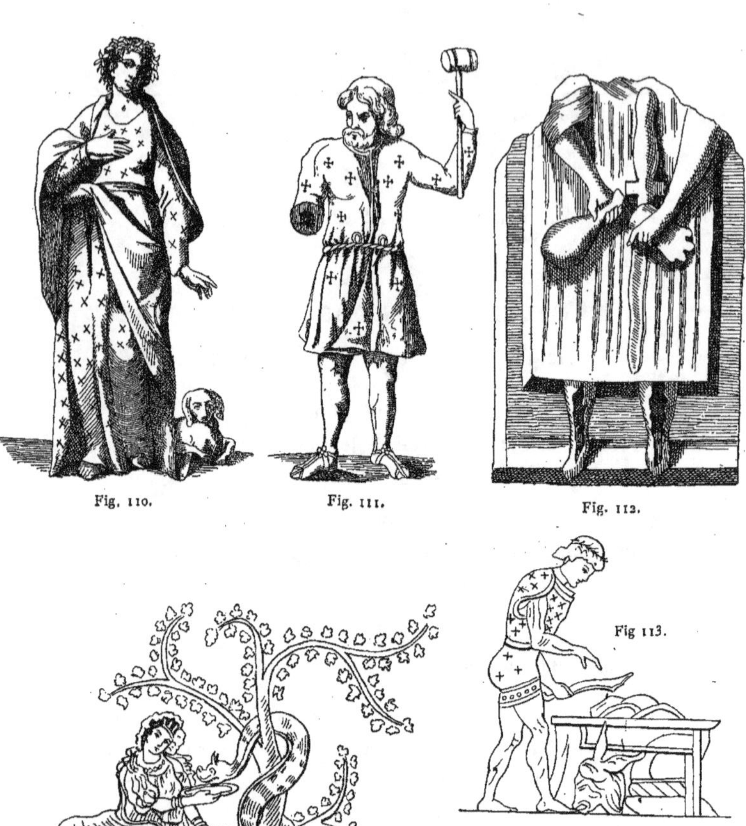

Fig. 110.   Fig. 111.   Fig. 112.

Fig. 113.

Fig. 115.

Fig. 114.   Fig. 116.

La croix dans les sacrifices (suite).

Croix sur la robe des prêtres, sur les victimes et les gâteaux d'offrande (suite.)

FIGURE 117.

Taureau paré, pour le sacrifice, d'une sorte de chapelet avec grains en croix (Montfaucon, *l'Antiquité expliquée*, t. II, pl. xxvi).

FIGURE 118.

Gâteau des noces marqué de la croix (Trawinski, *Vie antique* : la Grèce, p. 260).

FIGURE 119.

Guerrier offrant l'encens à une divinité. Tunique ornée de croix (V. Duruy, *Histoire des Romains*, t. I, p. 210).

FIGURE 120.

Sacrifice du taurobole. Le pénitent reçoit le baptême de sang, les bras en croix (*Académie des inscriptions*, t. II, p. 473).

FIGURE 121.

Flabellum pour activer la flamme du sacrifice : plusieurs croix. Sculpté sur les parois de la pagode d'Ongkor-Wat (*Tour du Monde*, 1863, 2ᵐᵉ semestre, p. 307).

FIGURE 122.

Croix sculptées sur l'autel des sacrifices, à Mexico (Mourant-Brock, *la Croix païenne et chrétienne*, p. 35).

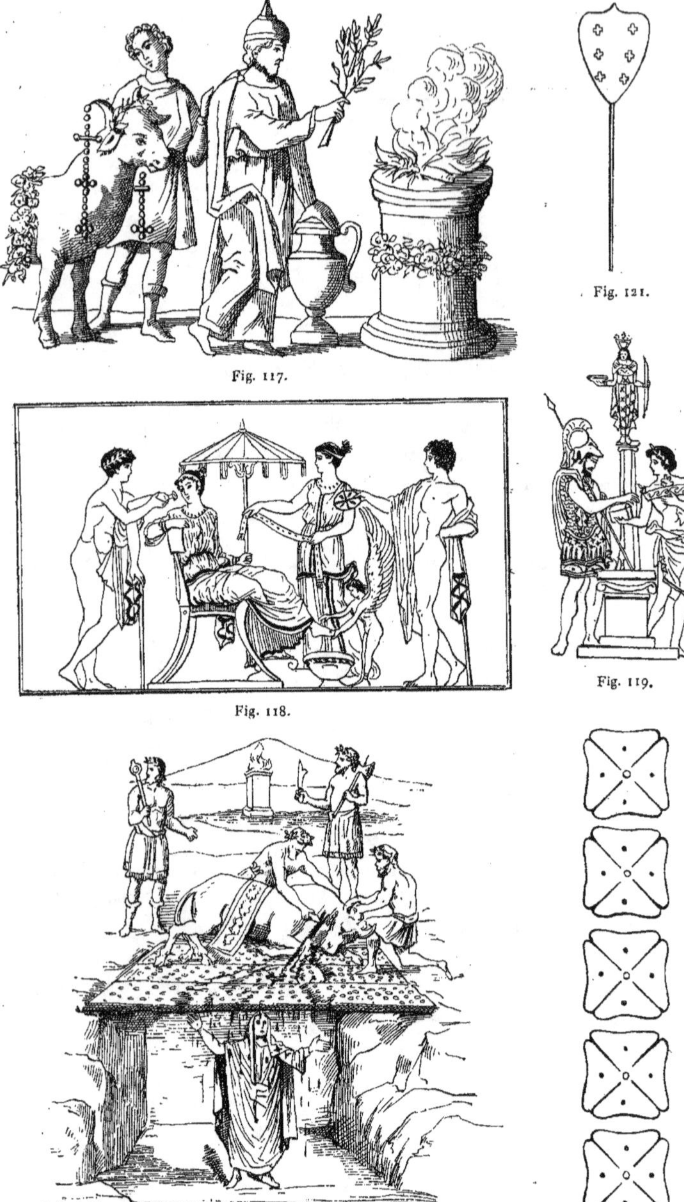

Fig. 117.

Fig. 121.

Fig. 118.

Fig. 119.

Fig. 120.

Fig. 122.

La croix dans les sacrifices (suite).

Croix sur la robe des prêtres, sur les victimes
et sur les gâteaux d'offrande (suite).

FIGURE 123.

Un sacrifice humain au Mexique. Croix sur le manteau des sacrificateurs (Lucien Biart, *les Aztèques*, p. 115).

FIGURE 124

Sacrifice à Cuculcan. Croix sur la robe du pénitent (Désiré Charnay, *Voyage au Yucatan, Tour du Monde*, 1884, 1ᵉʳ semestre, p. 95).

Fig. 123.

Fig. 124.

LIVRE II

LA CROIX SIGNE DE VIE, DE SALUT

ET DE BÉNÉDICTION

CHAPITRE PREMIER

LA CROIX SIGNE DE VIE

FIGURES 125 ET 126.

« La croix ansée se prononce A̋NKH et signifie la *Vie*, souvent la *vie surnaturelle et divine*, mais pas toujours; on la trouve quelquefois avec le sens d'aliment » (Félix Robiou, *Observations sur les signes hiéroglyphiques qui peuvent rappeler le signe de la croix. La science catholique*, juillet 1890). — « En Égypte, l'emblème de la vie céleste était la croix ansée » (Champollion-Figeac, *l'Égypte ancienne*, p. 127). — « La croix ansée avait dans l'archéologie égyptienne le sens de vie divine, de vie éternelle » (Raoul Rochette, *Premier mémoire sur l'Hercule assyrien et phénicien;* Académie des Inscriptions, t. XVII). — « La croix était le symbole de la vie éternelle » (Ker Porter, *Travels in Georgia, Persia, Armenia*, vol. II; Tomb. of Daniel). — « Le *signe* en usage dans les pays de la Méditerranée, on l'a confondu avec la croix ansée et le tau phénicien, en lui attribuant, de même qu'à ceux-ci, le sens de vie et de salut » (Ludvig Muller, *Religiose symboler*, résumé). — « La croix ansée était le symbole de la vie éternelle » (E. de Rougé, *Notice sommaire des monuments égyptiens exposés dans la galerie du Musée du Louvre*, p. 108). — « La croix est dans tous les pays d'une haute antiquité; on la trouve sur les plus anciens monuments de l'Égypte, où elle signifie la vie éternelle » (M. de Nadaillac, *l'Amérique préhistorique*, p. 176). — « La croix ansée était chez les Égyptiens le symbole de la vie » (M. Maspéro, *l'Archéologie égyptienne*, p. 274).

FIGURES 125, 126, 127, 128, 129, 130.

« Ces croix de formes diverses: croix en tau, croix ansées, croix grecques, croix de Malte, swastikas, nous montrent les variations d'un symbole de la divinité, de la sainteté, de la vie éternelle » (Waring, *Ceramic. Art.*, p. 110).

FIGURE 131.

Le dieu Knoum créant l'homme, auquel la déesse Hégit présente la croix ansée, signe de vie (Vigouroux, *Dictionnaire de la Bible*, au mot ADAM).

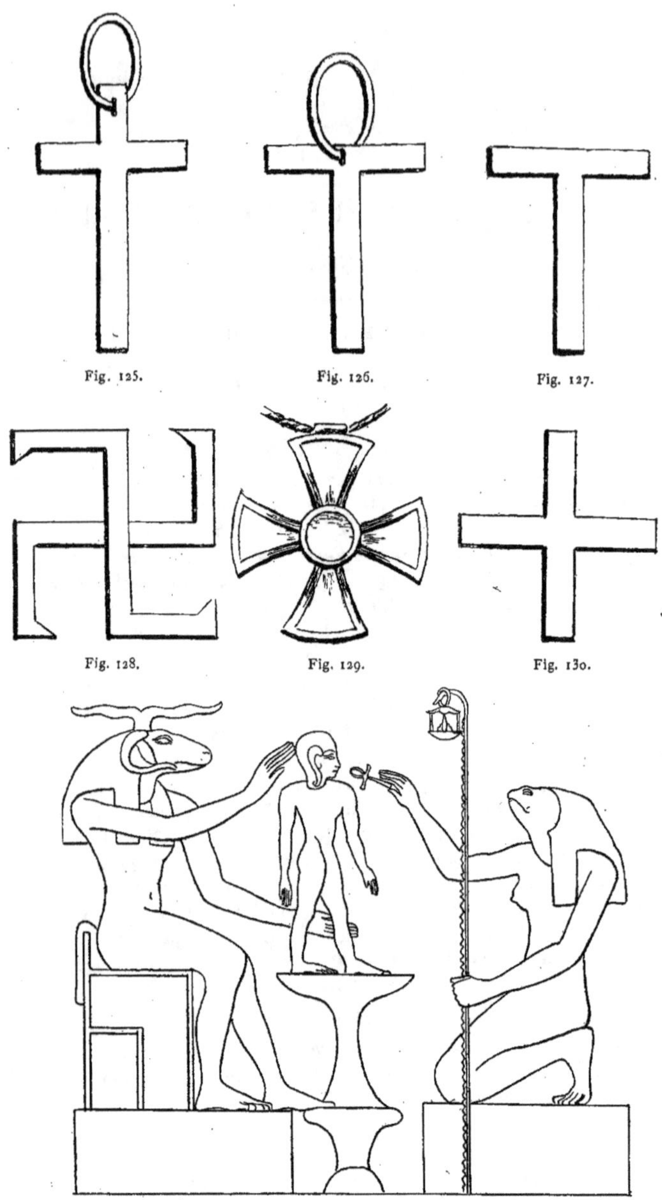

Fig. 125.

Fig. 126.

Fig. 127.

Fig. 128.

Fig. 129.

Fig. 130.

Fig. 131.

CHAPITRE II

LA CROIX SIGNE DE SALUT

LA CROIX SIGNE DE SALUT

DANS L'ORDRE SPIRITUEL

FIGURE 132.

« Chez les Égyptiens, ce symbole (la croix ansée) servait à caractériser la régénération ou la nouvelle vie promise aux initiés, après l'accomplissement d'une série d'actes religieux, dont un des premiers était
une purification par l'eau, ou une espèce de baptême.

« Un curieux bas-relief du temple de Philes représente, en effet, deux
prêtres ou deux personnages divins qui tiennent chacun au-dessus de la
tête d'un myste debout, un vase d'où s'échappe un filet d'eau ; les deux
filets d'eau se croisent et se changent bientôt chacun en un jet composé
de croix ansées qui alternent avec des bâtons auguraux et descendent
jusqu'à terre.

« Je me crois fondé à dire que dans l'Asie occidentale, comme en
Égypte, la croix ansée est non pas un symbole de vie, mais bien le symbole
de la nouvelle vie, de la vie spirituelle et du salut » (Félix Lajard, *Observations sur l'origine et la signification du symbole appelé la croix
ansée.* — Académie des inscriptions, t. XVII. — Cf. Guignault, *Religions de l'antiquité*, t. IV, 1re partie, planches, fig. 28).

FIGURE 133.

« Ahmos recevant sur la tête et le corps l'eau qui doit le purifier. »
Les deux jets d'eau se croisent au-dessus de la tête de l'initié (Maspéro,
l'Archéologie égyptienne, p. 310).

FIGURE 134.

Le bon et le mauvais génie se disputent une âme. Croix sur sa robe
(Conestabile, *Pitture murale*, pl. xvii).

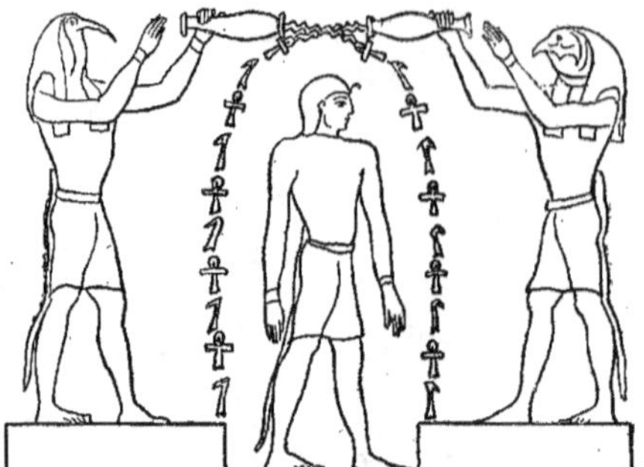

Fig. 132.

Fig. 133.

Fig. 134.

La croix signe de salut (suite).

LA CROIX SIGNE DE SALUT

DANS L'ORDRE TEMPOREL

FIGURE 135.

La Bonne Fortune tenant un mât de navire terminé en croix (Bosio, *Crux triumphans*, lib. V, cap. xii).

FIGURE 136.

La Bonne Fortune tenant d'une main la corne d'abondance, de l'autre un gouvernail en croix, qui doit conduire à bon port (Bosio, *Crux triumphans*, lib. V, cap. xii).

FIGURE 137.

Thésée revenant vainqueur du Minotaure sur un vaisseau dont le mât est terminé en croix. Autre croix entre les rames (*Tour du monde*, 1872, 1er semestre, p. 272).

FIGURE 138.

Ulysse échappant aux sirènes. Croix sur la poupe de son vaisseau. Peinture de vase (d'après les *Monumenti dell' Inst. archeol.*, I, tav. viii).

Fig. 135.   Fig. 136

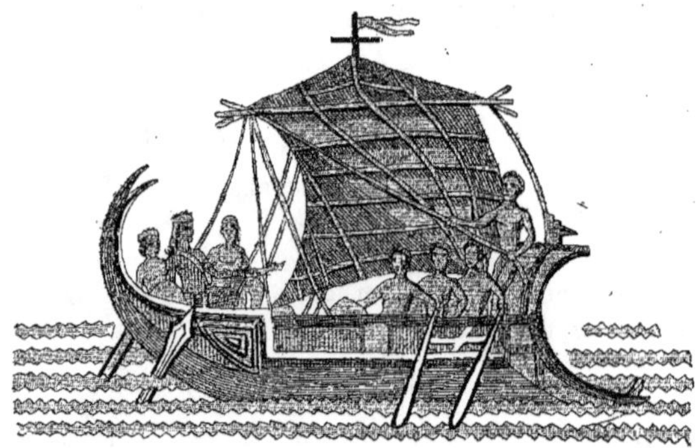

Fig. 137.

Fig. 138.

La croix signe de salut (suite).

LA CROIX ET LA PRIÈRE

FIGURE 139.

Index replié sur le pouce. On priait en baisant cette croix (Bosio, *Crux triumphans;* Apulée, *l'Ane d'or*, liv. IV).

FIGURE 140.

Prêtre qui baise sa main en priant le dieu de l'agriculture. Bas-relief d'Ibriz (Perrot et Chipiez, *l'Art dans l'antiquité*, Asie Mineure, p. 725).

FIGURE 141.

L'impératrice Livie priant les bras en croix. Statue du Vatican (Musée Pie Clémentin, II, 14).

FIGURE 142.

Maximien et Hercule assis. Entre eux la Victoire, les ailes et les bras en croix. Médaillon de bronze (Cohen, n° 105).

FIGURE 143.

La ville d'Antioche personnifiée. Au-dessous, le génie de la ville, les bras en croix (pierre gravée du Cabinet de France, n° 1749 du catalogue).

FIGURE 144.

Personnage sculpté les bras en croix sur les panneaux d'ivoire du char de triomphe (Rich, *Dictionnaire des antiquités romaines et grecques*, au mot Currus).

Fig. 139.

Fig. 142.

Fig. 143.

Fig. 144.

Fig. 140.

Fig. 141.

25

CHAPITRE III

LA CROIX SIGNE DE BÉNÉDICTION

CROIX SUR LA POITRINE DES ROIS

FIGURES 145 A 149.

« Ces croix de formes diverses nous montrent le symbole de la divinité, de la sainteté, de la vie éternelle et de la bénédiction » (Waring, *Ceramic Art*, p. 10).

FIGURE 145.

Croix d'Agamemnon trouvée dans un tombeau de Mycènes (Schliemann, *Mycènes*, p. 274).

FIGURE 146.

Croix d'un des *Sept devant Thèbes* (*Gentleman's Magazine*, 1863, p. 80).

FIGURE 147.

Croix des brenns gaulois (Musée de Saint-Germain).

FIGURE 148.

Croix de Thèbes (Égypte) (Musée Britannique).

FIGURE 149.

Croix des Va-ny-ika (Zanguebar anglais) (Mgr Le Roy, *les Missions catholiques*, 28 octobre 1890).

FIGURE 150.

Téglat-Phalasar, roi d'Assyrie (740 avant Jésus-Christ). Croix grecque (Waring, *Ceramic Art*, pl. xl, n° 5).

FIGURE 151.

Assur-Nasir-Pal, roi d'Assyrie (930 ans avant Jésus-Christ). Croix grecque sur la poitrine. Monolithe trouvé à Ninive, près de l'entrée du temple du dieu de la guerre (Musée Britannique).

FIGURE 152.

Samsi-Voul, fils de Salmanasar (882 avant Jésus-Christ). Croix de Malte. Monolithe du palais de Nemrod, à Ninive (Musée Britannique).

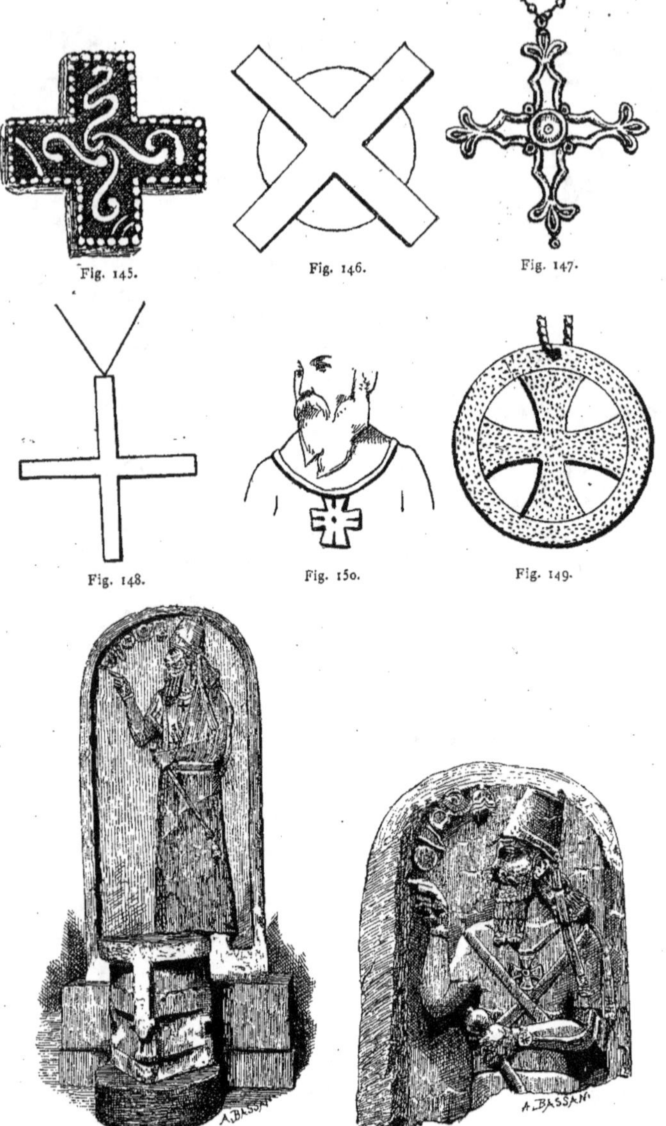

Fig. 145.

Fig. 146.

Fig. 147.

Fig. 148.

Fig. 150.

Fig. 149.

Fig. 151.

Fig. 152.

La croix signe de bénédiction (suite).

Croix sur la poitrine des rois (suite).

FIGURE 153.

Marduk-idin-akhi, roi chaldéen. Croix sur la poitrine (Musée Britannique).

FIGURE 154.

Cyrus, roi de Perse. Quatre ailes disposées en croix de Saint-André. Bas-relief de Pasargade (Dieulafoy, *l'Art antique de la Perse*, I, pl. xviii).

FIGURE 155.

Grand officier de la cour de Perse. Croix à la ceinture (Rich, *Dictionnaire des antiquités romaines et grecques*, au mot Sceptucus).

FIGURE 156.

Derviche. Croix sur la poitrine (*Tour du monde*, 1860, 2ᵉ sem., p. 32).

FIGURE 157.

Icare s'élançant dans les airs. Croix sur la poitrine (Daremberg et Saglio, *Dictionnaire*, au mot Dædalus).

FIGURE 158.

Sennachérib, roi d'Assyrie (710 avant Jésus-Christ). Croix de Malte. Bas-relief de Nimroud (Vigouroux, *Dictionnaire de la Bible*, au mot Adonisédech).

Fig. 153.

Fig. 154.

Fig. 156.

Fig. 157.

Fig. 155.

Fig. 158.

La croix signe de bénédiction (suite).

CROIX A LA MAIN DES ROIS ET DES REINES

SUR LES SCEPTRES, LES TRONES, LES DIADÈMES, LES TURBANS

FIGURE 159.

Ramsès II allaité par la déesse Anouké. Croix ansée à la main du pharaon (Beit-Ouali, d'après Horeau).

FIGURE 160.

Ramsès III conduisant une procession religieuse, la croix ansée à la main (Wilkinson, III, pl. L).

FIGURE 160 BIS.

Cléopâtre, la croix ansée à la main (Champollion, *Égypte ancienne,* pl. LXXXVIII).

FIGURE 161.

Trône. Trois rangs de croix grecques (*Vie antique,* Grèce, p. 186).

FIGURE 162.

Pomme de sceptre marquée de la croix (Schliemann, *Troie,* p. 635).

FIGURE 163.

Adraste, roi d'Argos. Sceptre à double croix (Musée de Berlin, collection de Stoch).

FIGURE 164.

Latinus. Sceptre en croix (Rich, *Dictionnaire des antiquités romaines et grecques,* au mot SCEPTRUM).

Fig. 160.

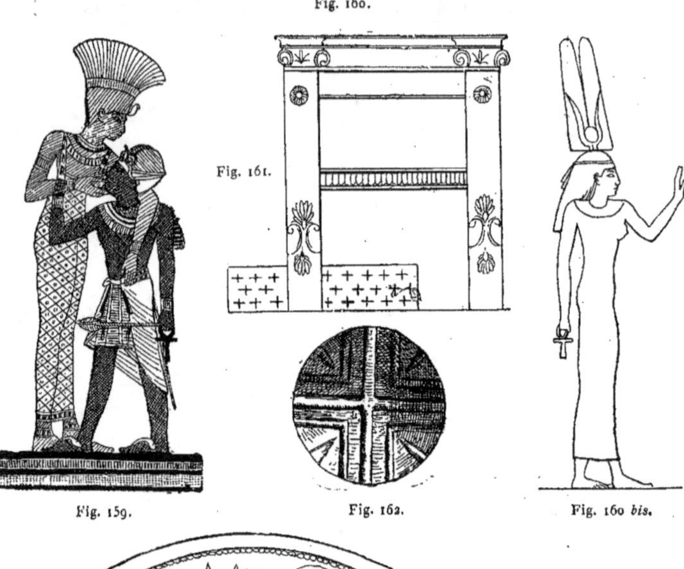

Fig. 159.

Fig. 161.

Fig. 162.

Fig. 160 *bis*.

Fig. 163.

Fig. 164.

La croix signe de bénédiction (suite).

Croix à la main des rois et des reines, sur les sceptres,
les trônes, les diadèmes, les turbans (suite).

FIGURE 165.

Diadème des princesses troyennes. Deux croix de Saint-André, (Schliemann, *Mycènes*, p. 330).

FIGURE 166.

Andromaque parée du diadème.

FIGURE 167.

Dinah Salifou, roi des Nalous et des Bagas (Afrique occidentale). Diadème orné d'une croix grecque (*Tour du monde*, 1886, 1ᵉʳ sem., p. 279).

FIGURE 168.

Turban. Trois rangs de croix grecques (*Tour du monde*, 1866, 1ᵉʳ sem., p. 259).

FIGURE 169.

Indigène de l'Ouhyéya (Afrique centrale). Tête parée d'une croix grecque (*Tour du monde*, 1878, 2ᵉ sem., p. 95).

FIGURE 170.

Initiée aux mystères de Dionysos. Bandeau marqué de croix (Collignon, *Archéologie grecque*, p. 298).

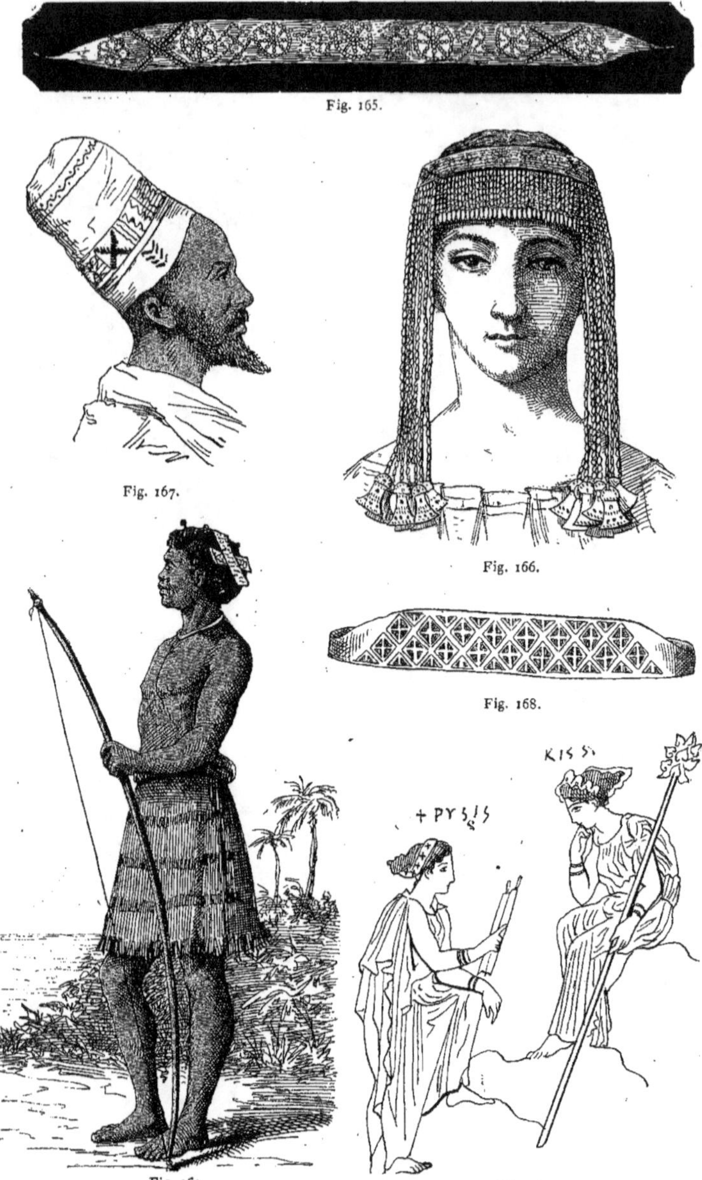

Fig. 165.

Fig. 167.

Fig. 166.

Fig. 168.

Fig. 169.

Fig. 170.

La croix signe de bénédiction (suite).

CROIX TATOUÉES SUR LE VISAGE

OU SUR LA POITRINE

FIGURE 171.

Jeune femme de Metlili (Sahara). Croix tatouées sur le visage (*Tour du monde*, 1863, 2ᵉ sem., p. 179).

FIGURE 172.

Jeune fille de Metlili. Croix tatouées sur le visage (*Tour du monde*, 1863, 2ᵉ sem., p. 177).

FIGURE 173.

Croix tatouée sur le menton des hommes et des femmes chez les Abords, tribu sauvage de l'Himalaya (*Annales de la Propagation de la foi*, 1851, lettre de M. Krick).

FIGURE 174.

Première femme du roi Bongoua, près de Tombouctou. Croix tatouée sur la poitrine (Schweinfurth, *Voyage au cœur de l'Afrique. Tour du monde*, 1874, 1ᵉʳ sem., p. 368).

FIGURE 175.

Danseuse patagone. Croix tatouée sur chaque joue (*Tour du monde*, 1861, 2ᵉ sem., p. 257).

Fig. 171.

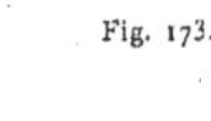

Fig. 172.

Fig. 173.

Fig. 174.

Fig. 175.

La croix signe de bénédiction (suite).

AMULETTES ET BULLES AVEC CROIX

FIGURE 176.

Amulettes en forme de croix grecques et de croix en T (Daremberg et Saglio, *Dictionnaire*, au mot Crepundia).

FIGURE 177.

Bédouine. Collier avec croix (Vigouroux, *Dictionnaire de la Bible*, au mot Arabe).

FIGURE 178.

Jeune Étrusque portant des bulles avec croix (Daremberg et Saglio, *Dictionnaire*, au mot Bulla).

FIGURE 179.

Habitants du Sénégal inférieur : Oualofs et Peuhls. Bulles avec croix (*Tour du monde*, 1861, 1ᵉʳ sem., p. 29).

Fig. 178.

Fig. 176.

Fig. 177.

Fig. 179.

La croix signe de bénédiction (suite).

CROIX SUR LES VÊTEMENTS

FIGURE 180.

Naissance de Pandore, l'Ève des Grecs. Robe semée de croix (Peinture de vase d'après Lenormant et de Witte (*Élite des monuments céramographiques*, III, pl. xliv).

FIGURE 180 bis.

Cadmus combattant le dragon. Cadmus et Théba ont leur tunique ornée de croix (Peinture de vase d'après Gerhard, *Etruskische und Kampanisch Vasenbilder*, taf. vi).

Fig 180.

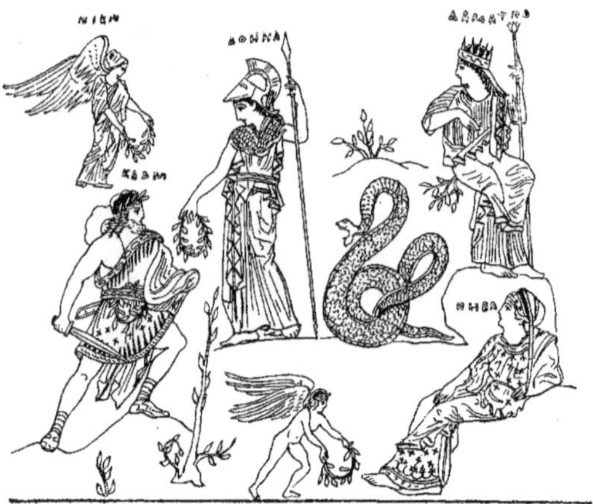

Fig. 180 *bis*.

La croix signe de bénédiction (suite).

Croix sur les vêtements (suite).

FIGURE 181.

Jason et Hercule combattant le dragon avec l'aide de Médée. La robe de la magicienne est semée de croix (peinture de vase d'après les *Monumenti dell' Inst. archeol.*, V, tav. xii).

FIGURE 181 bis.

La fontaine Callirhoé. Six jeunes filles viennent y puiser. Leur robe est ornée de croix (peinture de vase d'après Gerhard, *Auserl. Vasenb.*, IV, taf. cccvii).

Fig. 181.

Fig. 181 bis.

La croix signe de bénédiction (suite).

Croix sur les vêtements (suite).

FIGURE 182.

Sésostris vainqueur. Tunique parsemée de croix (Champollion, *Égypte ancienne*, pl. LXXIX).

FIGURE 183.

Caracalla gauloise ornée de croix (Daremberg et Saglio, *Dictionnaire*, au mot CARACALLA).

FIGURES 184 ET 185.

Achille et Briséis. Tunique et robe ornées de croix (d'après Gerhard, *Auserles. Vasenbild.*, III, taf. CLXXXVII).

FIGURE 186.

Mort de Priam. La tunique de Pyrrhus est bordée de croix (peinture de vase du musée de Naples).

Fig. 182.

Fig. 183.

Fig. 184.

Fig. 185.

Fig. 186.

La croix signe de bénédiction (suite).

Croix sur les vêtements (suite).

FIGURE 187.

Achille et Ajax jouant aux dés. Manteaux marqués de croix grecques et de swastikas (peinture de vase d'après les *Monumenti dell' Instit. archeol.*, II, tav. xxii)

FIGURE 188.

Nausicaa et une de ses compagnes portant un coffre. Coffre et robes couverts de croix (Daremberg et Saglio, *Dictionnaire*, au mot ARCA).

FIGURE 189.

Soldat romain. Tunique ornée de croix (Daremberg et Saglio (*Dictionnaire*, au mot CINCTUS).

FIGURE 190.

Enfant jouant avec un chien et une tortue. Swastikas sur sa tunique (Daremberg et Saglio, *Dictionnaire*, au mot BESTIÆ MANSUETÆ).

FIGURE 191.

Cavalier prêt à monter. Croix sur son manteau (Daremberg et Saglio, *Dictionnaire*, au mot EQUITATIO).

FIGURE 192.

Archer scythe. Croix grecques sur la tunique (Daremberg et Saglio, *Dictionnaire*, au mot ARCUS).

FIGURE 193.

Lutte d'Atalante et de Pélée. Croix sur le justaucorps d'Atalante (Daremberg et Saglio, *Dictionnaire*, au mot ATALANTE).

Fig. 187.

Fig. 188.

Fig. 189.

Fig. 190.

Fig. 191.

Fig. 192.

Fig. 193.

La croix signe de bénédiction (suite).

Croix sur les vêtements (suite).

FIGURE 194.

Femme Boni. Pagne de peau orné de croix (Zanguebar anglais) (Mgr Le Roy, *Missions catholiques*, 28 octobre 1890).

FIGURE 195.

Cultivateurs mesurant leur récolte d'huile. Croix sur leurs robes (peinture de vase, d'après les *Monumenti dell' Instit. archeol.*, II, tav. xLIV).

FIGURE 196.

Femme turcomane (Turkestan). Plaque ornée de croix, à la ceinture (*Tour du monde*, 1866, 1er sem., p. 256).

FIGURE 197.

Bœufs de labour marqués de croix grecques (Vigouroux, *Dictionnaire de la Bible*, au mot AIGUILLON).

Fig. 194.

Fig. 195.

Fig. 197.

Fig. 196.

La croix signe de bénédiction (suite).

Croix sur les vêtements (suite).

FIGURE 198.

Emblèmes jaïnas : le Kalpa Vrich, croix Swastika, Srivatsa et Nanda-varta, signes de bénédiction. D'après M. Rousselet (*Tour du monde,* 1872, 2ᵉ sem., p. 191).

FIGURE 199.

« *Che-li-mo-tso,* signe de bon augure, dont la croix est manifestement la partie principale » (*Études religieuses,* octobre 1893).

FIGURE 200.

Assistants au baptême du Bouddha. Croix sur leurs vêtements. D'après des gravures japonaises (*Tour du monde,* 1869, 1ᵉʳ sem., p. 359).

FIGURE 201.

Ancien chef de clan au Japon. Vêtement parsemé de croix (*Tour du monde,* 1866, 2ᵉ sem., p. 43).

FIGURE 202.

Empereur japonais des anciens temps. Vêtement parsemé de croix. Fac-similé d'un dessin japonais (*Tour du monde,* 1866, 2ᵉ sem., p. 46).

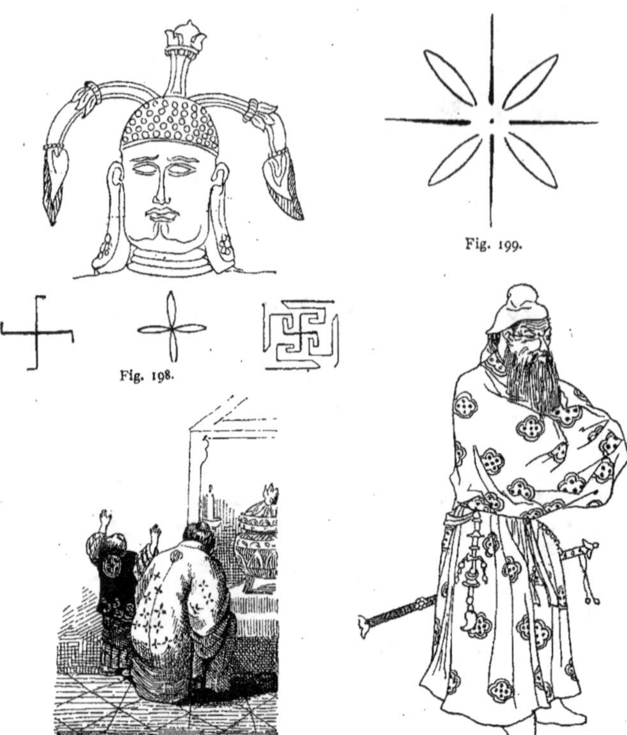

Fig. 199.

Fig. 198.

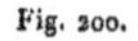

Fig. 200.

Fig. 201.

Fig. 202.

La croix signe de bénédiction (suite).

LA CROIX ET LES ARTS LIBÉRAUX

FIGURE 203.

Croix dans une école (Daremberg et Saglio, *Dictionnaire,* au mot EDUCATIO).

FIGURE 204.

Croix sur la robe d'une musicienne (Daremberg et Saglio, *Dictionnaire,* au mot CHORAGIUM).

FIGURE 205.

Chœur de jeunes gens et de jeunes filles menant des danses sacrées. Vêtements ornés de croix (Fragment de vase, d'après les *Monumenti dell' Instit. archeol.,* IV, tav. LVI-LVII).

FIGURE 206.

Danseuse bouddhiste. Croix sur sa robe (*L'Inde des Rajahs,* Rousselet, *Tour du monde,* 1872, 1er semestre, p. 243).

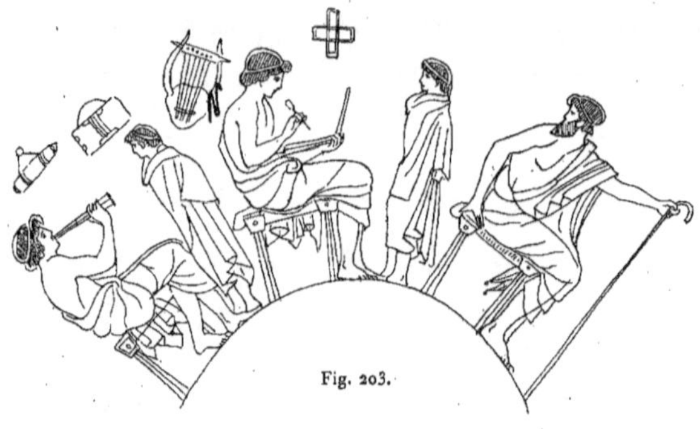

Fig. 203.

Fig. 204.

Fig. 205.

Fig. 206.

La croix signe de bénédiction (suite).

CROIX SUR LES ARMES

FIGURE 207.

Hache plate en cuivre. Swastika. Saint-Père-en-Retz, Loire-Inférieure (Musée de Saint-Germain, n° 22635).

FIGURE 208.

Hache en bronze. Swastika en relief (Musée de Saint-Germain, n° 19800).

FIGURE 209.

Hache et faisceaux. Croix sur la hache (Rich, *Dictionnaire des antiquités romaines et grecques*, au mot FASCES).

FIGURE 210.

Poignée et pommeau de l'épée du Sommering (Autriche). Croix grecques dans un cercle (G. de Mortillet, *le Signe de la croix avant le christianisme*, p. 159).

FIGURE 211.

Croix sur le pommeau d'une épée en bronze (Musée de Copenhague, (Mortillet, *Musée préhistorique*, pl. LXVIII, fig. 703).

FIGURE 212.

Pommeau d'un poignard en bronze, triangulaire, orné de petits clous d'or dessinant une croix sur chaque face (Mortillet, *Musée préhistorique*, pl. C, fig. 1251).

FIGURE 213.

Guerriers Kanembous (Afrique centrale. Soudan). Croix sur les boucliers (*Tour du monde*, 1860, 2ᵉ semestre, p. 220).

FIGURES 214.

Guerrier de la période des tumuli celtiques, d'après la reconstitution du musée d'artillerie. Croix sur la tunique (Henri du Cleuziou, *la Création de l'homme*, p. 625).

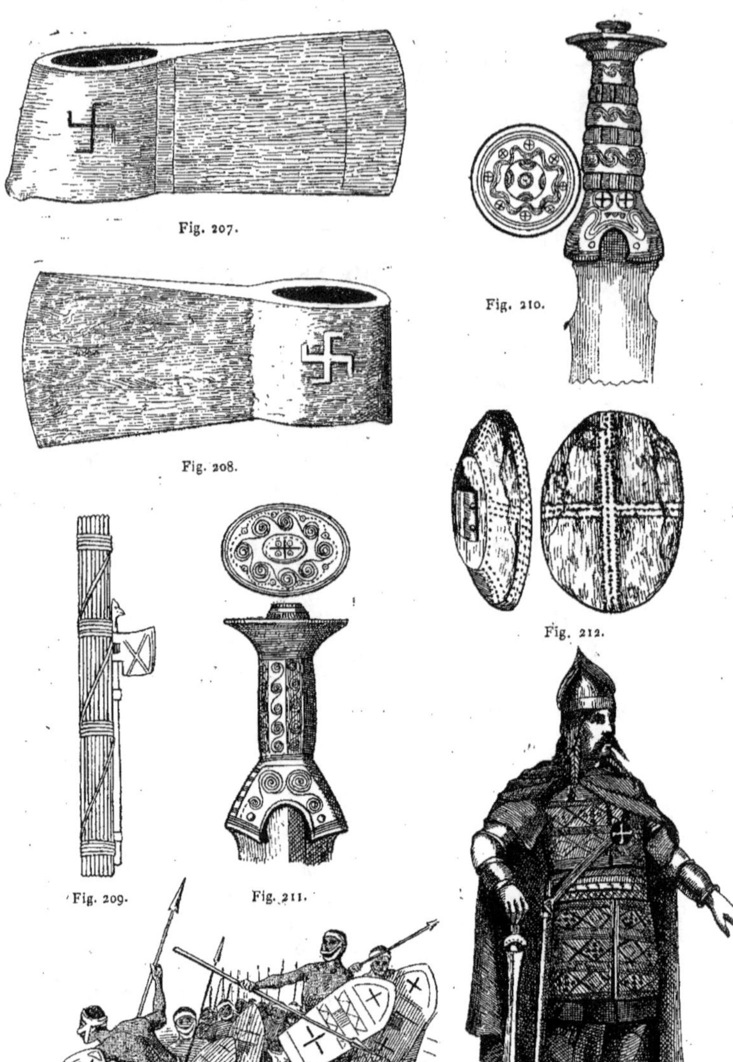

Fig. 207.

Fig. 210.

Fig. 208.

Fig. 212.

Fig. 209.

Fig. 211.

Fig. 213.

Fig. 214.

La croix signe de bénédiction (suite).

Croix sur les armes (suite).

FIGURE 215.

Amazone armée. Croix sur sa cuirasse. Peinture sur le fond d'une coupe de Vulci (d'après le *Museo Gregoriano*, II, tav. LXXIII).

FIGURE 216.

Poignard à lame triangulaire. Pommeau orné d'une croix (Musée de Lyon) (Mortillet, pl. LXVIII, fig. 703).

FIGURE 217.

Fer de lance avec swastika (Waring, *Ceramic Art*, pl. XLIV, fig. 21).

FIGURE 218.

Guerrier vêtu d'une cuirasse de cuir, marquée d'une croix dans un carré (*la Vie antique*, Grèce, p. 336).

FIGURE 219.

Scène de combat. Bouclier orné de deux croix. Fragment d'un vase en terre cuite découvert à Magoula en Laconie ; d'après Le Bas (*Voyage archéologique, Monuments figurés*, pl. cv).

FIGURE 220.

Cheval de somme portant des boucliers gaulois marqués de deux croix (Colonne Trajane).

FIGURE 221.

Bouclier grec presque entièrement couvert d'une large croix (Rich, *Dictionnaire des antiquités romaines et grecques*, au mot CLIPEUS).

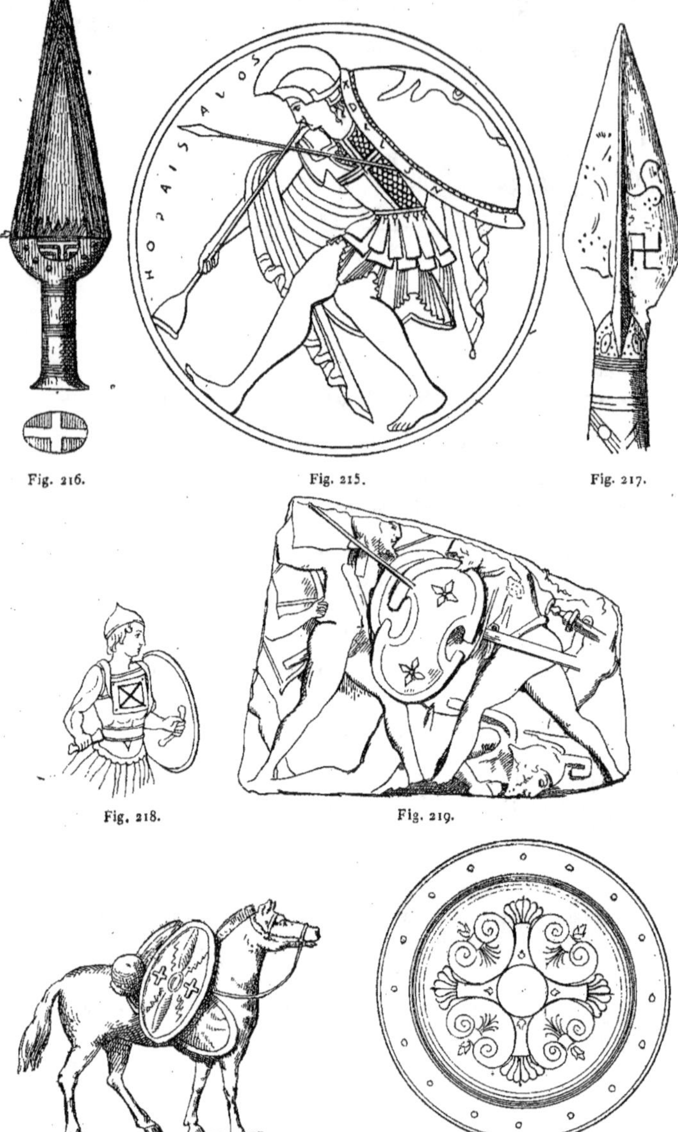

Fig. 216.   Fig. 215.   Fig. 217.

Fig. 218.   Fig. 219.

Fig. 220.   Fig. 221.

La croix signe de bénédiction (suite).

Croix sur les armes (suite).

FIGURE 222.

Décoration militaire. Collier de *phalères* ornées de croix (Rich, *Dictionnaire des antiquités romaines et grecques*, au mot Phalera).

FIGURE 223.

Casque trouvé à Herculanum. Cinq swastikas (Cabinet de France).

FIGURES 224 ET 225.

Portions de ceintures en feuilles de bronze. Parmi les motifs d'ornementation on remarque des croix et swastikas nombreux et variés (Mortillet, *Musée*, pl. c, fig. 1255 et 1256).

FIGURE 226.

Ceinture de guerre avec tablier orné de croix. Autre croix sur la croupe du cheval (Daremberg et Saglio, *Dictionnaire*, au mot Cingula).

FIGURE 227.

Cheval. Croupe marquée d'une croix ansée. Décoration d'une tasse d'argent (Grifi, *Monumenti di cere antica*, pl. ix).

FIGURE 228.

Chevaux de guerre. Croix sur la housse. Bas-relief assyrien (Vigouroux, *Dictionnaire de la Bible*, au mot Aigle).

Fig. 222.

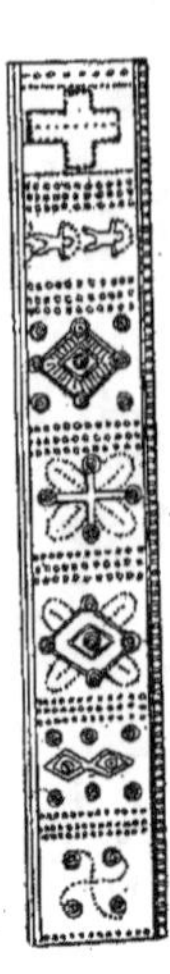

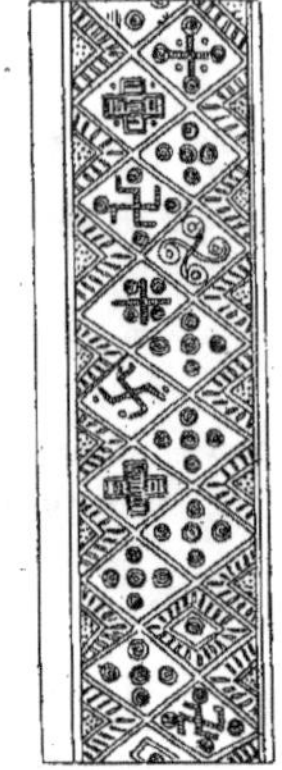

Fig. 223.

Fig. 224.

Fig. 225.

Fig. 226.

Fig. 227.

Fig. 228.

29

La croix signe de bénédiction (suite).

Croix sur les armes (suite).

FIGURE 229.

Guerrier Niam-Niam (Afrique centrale). Bouclier orné d'une large croix (*Tour du monde*, 1874, 2ᵉ semestre, p. 215).

FIGURE 230.

Poignée et fourreau d'un glaive trouvés dans les marais de Vi (île de Fionie). Swastika (Ludvig Muller, *l'Emploi et la signification du signe dit la croix gammée*, p. 26).

FIGURE 231.

Touareg en tenue de combat (Tombouctou). Croix sur le manche du poignard (*Tour du monde*, 1863, 2ᵉ semestre, p. 193).

FIGURE 232.

Haches des indigènes du Lovalé (rives du Zambèze). Lames marquées de plusieurs croix (*Tour du monde*, 1877, 2ᵉ semestre, p. 119).

Fig. 229.

Fig. 230.

Fig. 231.

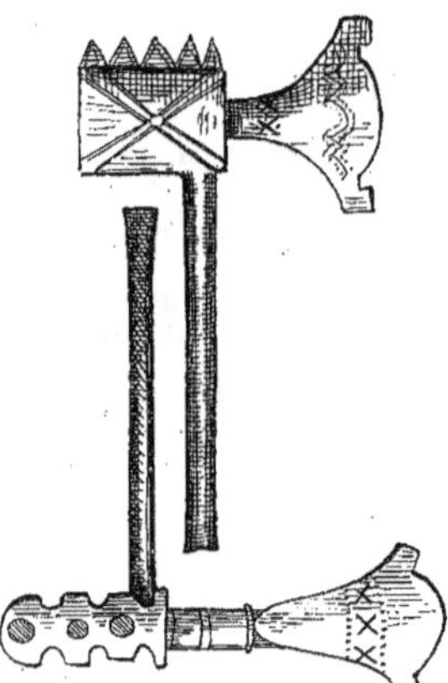

Fig. 232.

La croix signe de bénédiction (suite).

CROIX SUR LES VAISSEAUX

FIGURE 233.

Galère du triumvir Marc-Antoine. Mât terminé en croix (Bosio, *Crux triumphans*, lib. VI. Cohen, *Description des médailles impériales.* Marc-Antoine).

FIGURE 234.

Galère de Q. Nasidius. Mât en croix (Bosio, *loco citato*).

FIGURE 235.

Navire grec. Proue ornée de six rangs de croix (*Vie antique*, Grèce, p. 363).

Fig. 233.

Fig. 234.

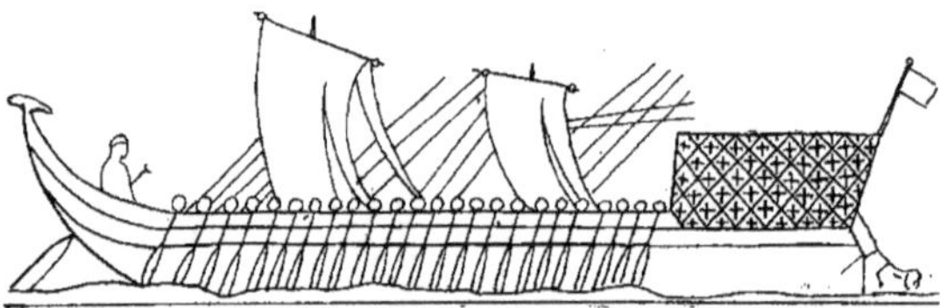

Fig. 235.

La croix signe de bénédiction (suite).

CROIX SUR LES DRAPEAUX

ET SUR LES FORTERESSES

FIGURE 236.

Enseignes romaines terminées en croix (Bosc, *Dictionnaire général de l'archéologie et des antiquités chez les divers peuples*, au mot Cus-todes).

FIGURE 237.

Enseignes sassanides avec croix (Flandin et Coste, *Voyage en Perse,* Nakch-i-Roustam, pl. CLXXXIII et CLXXXIV).

FIGURE 238.

Étendard assyrien. Personnage à tête de vautour, tenant de chaque main une croix en tau (Menant, *Ninive et Babylone*, p. 128).

FIGURE 239.

Croix sur un drapeau étrusque (d'après un vase de la collection Campana).

FIGURE 240.

Plan et coupe d'une forteresse chaldéenne. Croix grecque (Perrot et Chipiez, *la Chaldée*, p. 342).

FIGURE 241.

Retranchement en terre cruciforme (Amérique) (*la Croix païenne et chrétienne*, par Mourant Brock, p. 175).

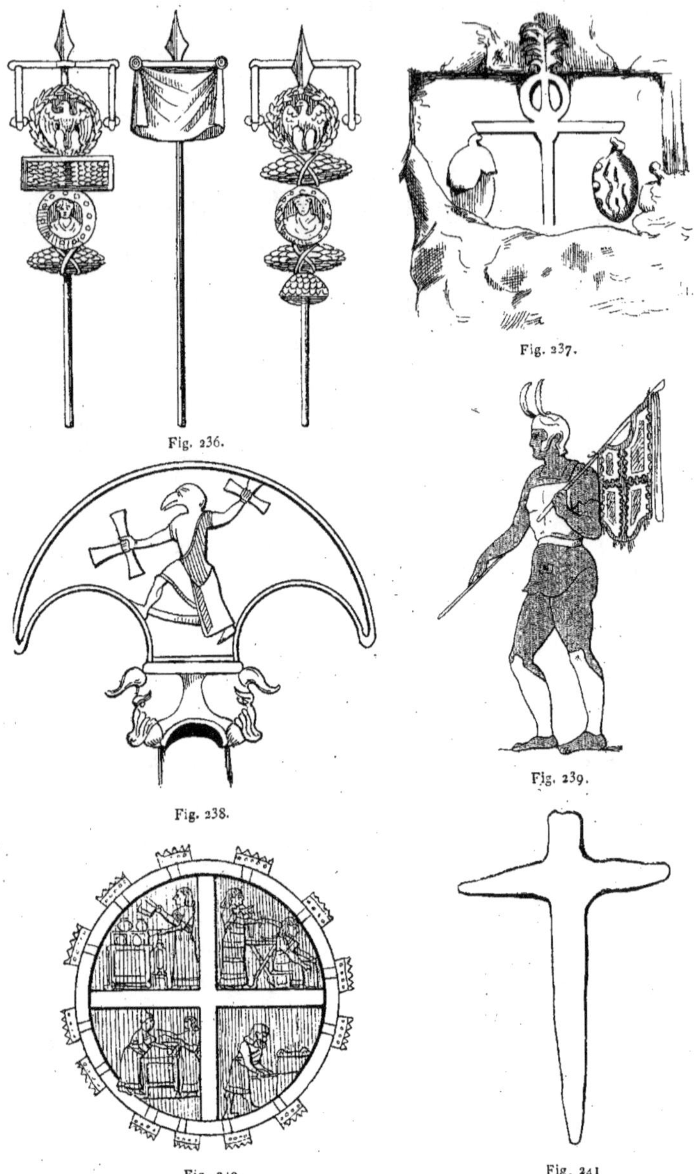

Fig. 236.

Fig. 237.

Fig. 238.

Fig. 239.

Fig. 240.

Fig. 241

La croix signe de bénédiction (suite).

CROIX SUR LES CACHETS

FIGURES 242 ET 243.

Deux cachets égyptiens. Croix grecque (Musée du Louvre, salle des dieux, vitrine n° 848).

FIGURES 244 ET 245.

Deux cachets égyptiens. Croix ansée (Musée du Louvre, salle des dieux, vitrine n° 848).

FIGURE 246.

Cachet troyen. Double croix, l'une linéaire, l'autre faite avec des points (Schliemann, *Troie*, p. 508).

FIGURE 247.

Cachet babylonien. Double croix grecque (Musée Britannique).

FIGURE 248

Cachet scarabéoïde avec croix ansée (Musée Britannique).

FIGURE 249.

Sceau hébraïque. Symbole divin figurant une croix en tau (Vigouroux, *Dictionnaire de la Bible,* au mot Amos).

FIGURE 250.

Médaille du roi Thu-Duc (Annam). Deux swastikas (*Tour du monde*, 1878, 1er sem., p. 64).

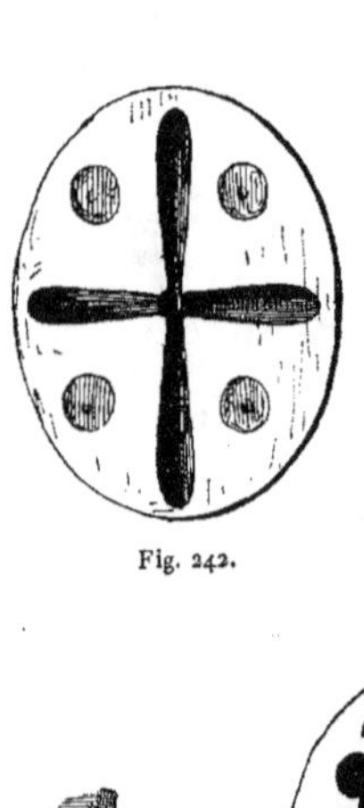

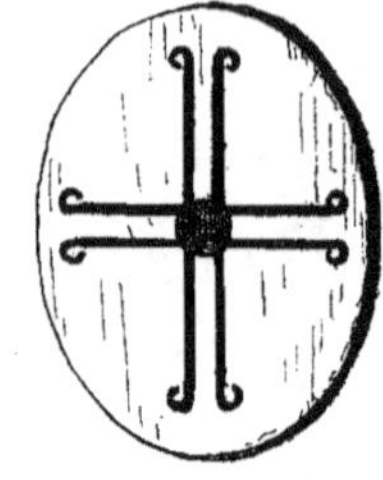

Fig. 242.   Fig. 244.   Fig. 243.

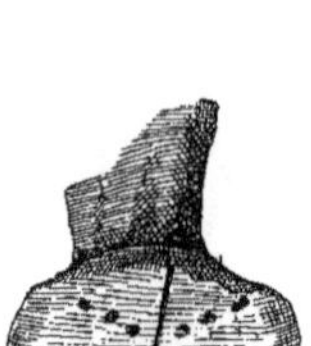

Fig. 246.   Fig. 245.   Fig. 247.

Fig. 249.   Fig. 248.   Fig. 250.

La croix signe de bénédiction (suite).

CROIX SUR LES MONNAIES

MONNAIES GRECQUES

FIGURE 251.

Monnaie d'Alexandre Iᵉʳ, roi de Macédoine. Guerrier coiffé du pétase macédonien, debout, à côté de son cheval. ℞. Croix dans un carré (octodrachme de style archaïque).

FIGURE 252.

Tétrabole d'Alexandre Iᵉʳ. Guerrier macédonien. ℞. Croix cantonnée de globules dans un carré.

FIGURE 253.

Monnaie de Syracuse. Héros conduisant un bige. ℞. Tête de femme au milieu d'un swastika. Tétradrachme frappé sous l'oligarchie des Geomori, au viᵉ siècle.

FIGURE 254.

Monnaie de Syracuse. Tête de Zeus. ℞ Swastika (L. Muller, *l'Emploi et la signification du signe dit la croix gammée*, p. 13).

FIGURE 255.

Monnaie du vᵉ siècle. Tête de déesse. ℞. Swastika (L. Muller, p. 18).

FIGURE 256.

Monnaie de Chios. Sphinx. ℞. Deux bandes formant la croix (Duruy, *Histoire des Grecs*, t. III, p. 164).

FIGURE 257.

Monnaie de Chios. Sphinx. ℞. Deux bandes en croix.

FIGURE 258.

Monnaie de Byzance. Taureau. ℞. Croix (Duruy, *Histoire des Grecs*, t. II, p. 102).

FIGURE 259.

Monnaie de Byzance. Taureau. ℞. Croix dans un carré.

FIGURE 260.

Statère de Cyzique. Monstre à tête de lion. ℞. Croix dans un carré.

FIGURE 261.

Monnaie du ivᵉ siècle. Pégase. ℞. Swastika cantonné de globules (L. Muller, p. 13).

FIGURE 262.

Monnaie du iiiᵉ siècle. Hermès. ℞. Swastika dans un carré (L. Muller, p. 13).

FIGURE 263.

Monnaie de Kavala (Néapolis). Deux cygnes. ℞. Swastika (V. Duruy, *Histoire des Romains*, t. III, p. 483).

FIGURE 264.

Monnaie de Thrace. Swastika aux bras arrondis, cantonné de globules (L. Muller, p. 19).

FIGURE 265.

Monnaie de Thrace. Swastika (L. Muller, p. 19).

Fig. 251.

Fig. 253.

Fig. 252.

Fig. 255.

Fig. 254.

Fig. 256.

Fig. 257.

Fig. 258.

Fig. 260.

Fig. 259.

Fig. 261.

Fig. 262.

Fig. 264.

Fig. 265.

Fig. 263.

La croix signe de bénédiction (suite).

Croix sur les monnaies (suite).

MONNAIES PHÉNICIENNES ET JUIVES

FIGURE 266.

Monnaie d'un roi de Salamine (Chypre). Bélier couché. ℞. Croix ansée accostée de quatre fleurons (Raoul Rochette, *De la croix ansée ou d'un signe qui y ressemble,* Académie des Inscriptions, t. XVI).

FIGURE 267.

Monnaie phénicienne. Lion. ℞. Croix ansée (Raoul Rochette, *ibid.*).

FIGURE 268.

Monnaie de Gaza. Tête tourelée. ℞. Swastika (De Saulcy, *Numismatique juive*, pl. xi, fig. 2).

FIGURE 269.

Monnaie de Gaza. Deux divinités debout dans un temple distyle; entre elles le swastika. Revers d'un bronze de l'impératrice Plautilla, femme de Caracalla (Duruy, *Histoire des Romains*, t. VII, p. 70).

FIGURE 270.

Monnaie juive. Croix entre deux cornes d'abondance (De Saulcy, *Numismatique juive*, pl. vi, fig. 6).

FIGURE 271.

Monnaie de bronze d'un des princes asmonéens. ℞. Croix entre deux cornes d'abondance (De Saulcy, pl. iii, 10).

FIGURE 272.

Monnaie des Macchabées. Croix ansée entre deux cornes d'abondance (De Saulcy, pl. iv, 10).

FIGURE 273.

Monnaie d'Hérode le Grand. ℞. Autel avec croix, et signe ressemblant au monogramme du Christ (De Saulcy, pl. x, 3).

FIGURE 274.

Monnaie d'Hérode. Croix ansée figurant le monogramme (De Saulcy, pl. x, 1).

FIGURE 275 ET 275 BIS.

Monnaies de Bar-Cocébas. Au-dessus d'un temple tétrastyle, une étoile et une croix, symboles équivalents du salut d'Israël.

Fig. 266.

Fig. 267.

Fig. 268.

Fig. 269.

Fig. 270.

Fig. 271.

Fig. 272.

Fig. 273.

Fig. 274.

Fig. 275.

Fig. 275 bis.

La croix signe de bénédiction (suite).

Croix sur les Monnaies (suite).

MONNAIES GAULOISES

FIGURES 276, 277, 278, 279, 280 ET 281.

Six croix aux bras recourbés (L. Muller, *l'Emploi et la signification dans l'antiquité du signe dit la croix gammée*, p. 6).

FIGURES 282 ET 283.

Deux croix aux bras terminés en têtes de chevaux (L. Muller, p. 68).

FIGURE 284.

Monnaie de l'Ile de Bretagne. Large croix (*Atlas des monnaies gauloises*, par Henri de la Tour, sous-bibliothécaire au département des médailles et antiques à la Bibliothèque nationale, pl. xLv, fig. 14).

FIGURE 285.

Monnaie d'Avignon (H. de la Tour, *Atlas*, pl. vi, fig. 2646):

FIGURE 286.

Monnaie de Marseille (H. de la Tour, *Atlas*, pl. ii, fig. 516).

FIGURE 287.

Monnaie de Rhodes (H. de la Tour, *Atlas*, pl. viii, fig. 2317).

FIGURE 288.

Monnaie de Rhodes (H. de la Tour, *Atlas*, pl. viii, fig. 2346.

FIGURES 289 A 295.

Monnaies des Volces Tectosages (H. de la Tour, *Atlas*). 289, pl. x, fig. 3204. — 290, pl. viii, fig. 3040. — 291, pl. viii, fig. 2955. — 292, pl. x, fig. 3370. — 293, pl. x, fig. 3563. — 294, pl. ix, fig. 3298. — 295, pl. ii, fig. 580.

FIGURE 296.

Monnaie de Jules César. Le triumvir monétaire, Cossus Maridianus, y a gravé son nom en quatre lignes qui se coupent en forme de croix (H. Cohen, *Description des médailles impériales*, Jules César, 8).

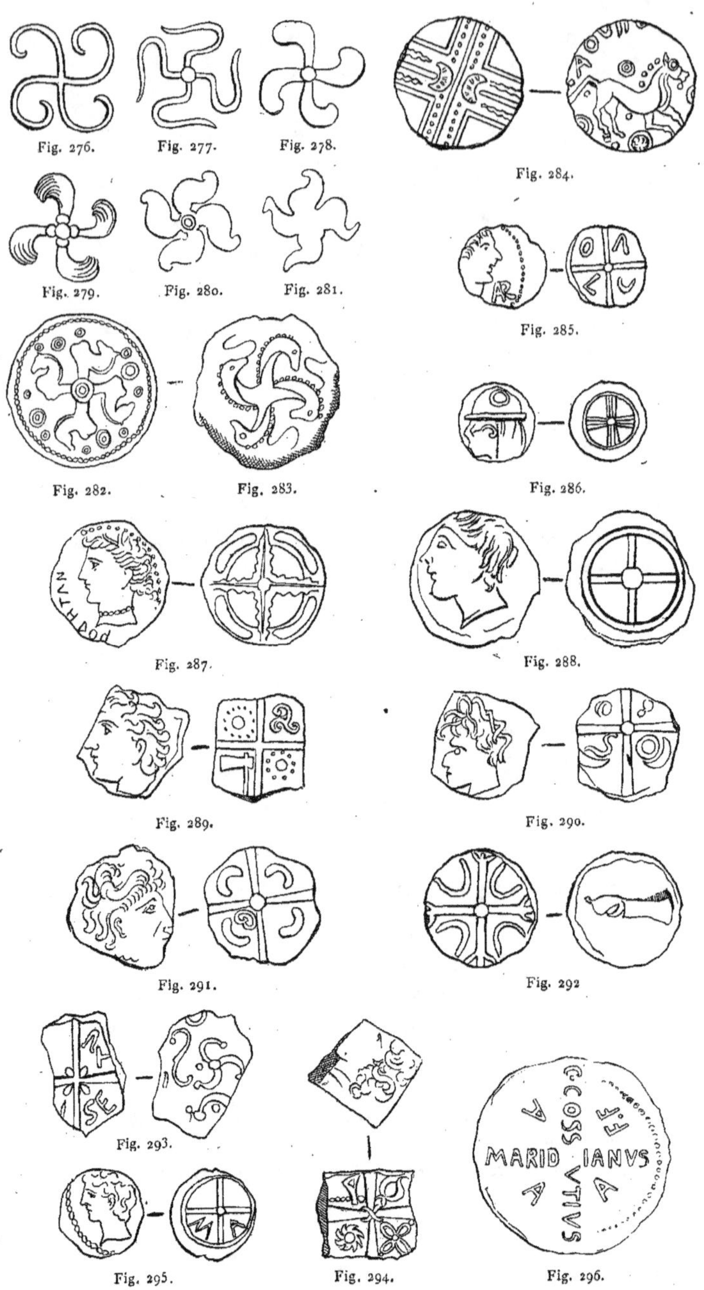

Fig. 276.

Fig. 277.

Fig. 278.

Fig. 284.

Fig. 279.

Fig. 280.

Fig. 281.

Fig. 285.

Fig. 282.

Fig. 283.

Fig. 286.

Fig. 287.

Fig. 288.

Fig. 289.

Fig. 290.

Fig. 291.

Fig. 292

Fig. 293.

Fig. 295.

Fig. 294.

Fig. 296.

La croix signe de bénédiction (suite).

LA CROIX ET LES MAISONS

MAISONS PRÉCHRÉTIENNES

FIGURE 297.

La Bonne Maison. Croix au-dessus de la porte (Wilkinson, *Ancient Egyptians*, vol. I, p. 7).

FIGURE 298.

Le labyrinthe de Crète en croix. Monnaie d'argent, de Knossos (Crète).

FIGURE 299.

Palais des nonnes au Yucatan. Croix sur la façade (*Tour du monde*, 1884, 1er sem., p. 35).

FIGURE 300.

Porte de ville avec croix. Monnaie de Trajanopolis (Montfaucon, *l'Antiquité*, t. III, pl. xcviii).

FIGURE 301.

Plan d'une porte simple à Korsabad. Triple croix (Place, *Ninive*, t. III, pl. xviii).

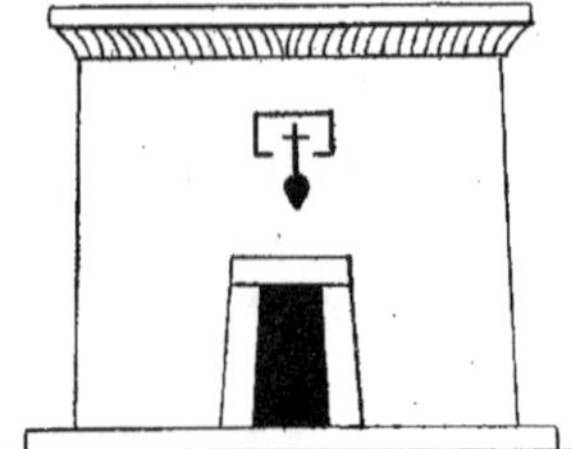

Fig. 297.

Fig. 298.

Fig. 299.

Fig. 300.

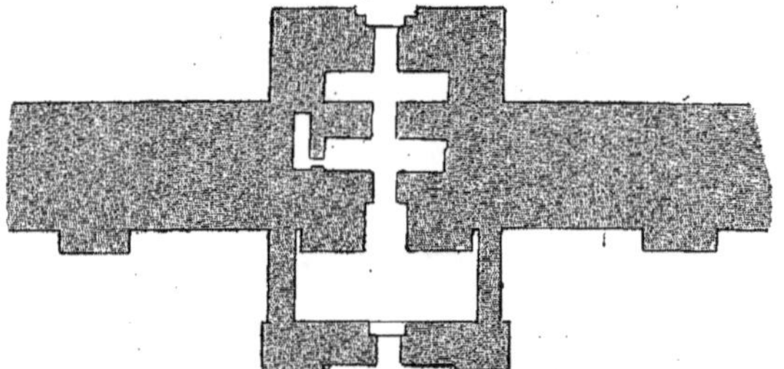

Fig. 301.

La croix signe de bénédiction (suite).

La croix et les maisons (suite).

MAISONS MUSULMANES

FIGURE 302.

Maison de Tunis. Croix sur la façade (*Voyage en Tunisie,* par MM. Cagnat et Saladin, *Tour du monde,* 1886, 2me sem., p. 205).

FIGURE 303.

Réservoir d'eau à Kazbin, Perse (*Tour du monde,* 1883, 1er sem., p. 51).

Fig. 3o2.

Fig. 3o3.

La croix signe de bénédiction (suite).

La croix et les maisons (suite).

MAISONS MUSULMANES

FIGURE 304.

Croix sur la façade du palais de K'hokand (*D'Orenbourg à Samarkand, Tour du monde*, 1879, 1er sem., p. 58).

FIGURE 305.

Porte d'entrée du village javanais à l'Exposition universelle de 1889. Pavillons ornés d'un rang de croix grecques.

Fig. 304.

Fig. 305.

La croix signe de bénédiction (suite).

La croix et les maisons (suite).

MAISONS BOUDDHIQUES

FIGURE 306.

Temple et jardin chinois. Quais du fleuve, ornés de plusieurs rangs de croix grecques (*Tour du monde*, 1882, 2me sem., p. 82).

FIGURE 307.

Jardin du gouverneur général de Lan-Tcheou (Chine). Terrasse ornée de plusieurs rangs de croix grecques (*Tour du monde*, 1882, 2me sem., p. 94).

FIGURE 308.

Pavé du théâtre du Gankiro (Japon). Swastika sur chaque dalle (*Tour du monde*, 1869, 1er sem., p. 401).

Fig. 3o6.

Fig. 3o7.

Fig. 3o8.

La croix signe de bénédiction (suite).

CROIX SUR LE MOBILIER

FIGURE 309.

Lit de luxe. Bordure de croix. (Trawinski, *la Vie antique*. La Grèce, p. 183).

FIGURE 310.

Lit-sofa. Dessins formant la croix (Rich, *Dictionnaire des antiquités romaines et grecques*, au mot LECTULUS).

FIGURE 311.

Grand coffre grec. Deux croix (Daremberg et Saglio, *Dictionnaire*, au mot ARCA).

FIGURE 312.

Coffre à vêtements. Six rangs de croix grecques (Daremberg et Saglio, *Dictionnaire*, au mot ARCA).

FIGURE 313.

Tabouret orné de croix de Saint-André. Harem de Constantinople (*Tour du monde*, 1863, 2me sem., p. 145).

FIGURE 314.

Panier en usage chez la tribu sauvage des Roucouyennes (Amérique du Sud). Croix blanches et noires (*Tour du monde*, 1880, 2me sem., p. 87).

FIGURE 315.

Lingot de cuivre en croix de Saint-André. Ouroua (Afrique occidentale) (*Tour du monde*, 1877, 1er sem., p. 66).

FIGURE 316.

Rasoir en bronze, orné d'une croix. Bout supérieur cassé (Italie) (Mortillet, pl. xcv, fig. 1192).

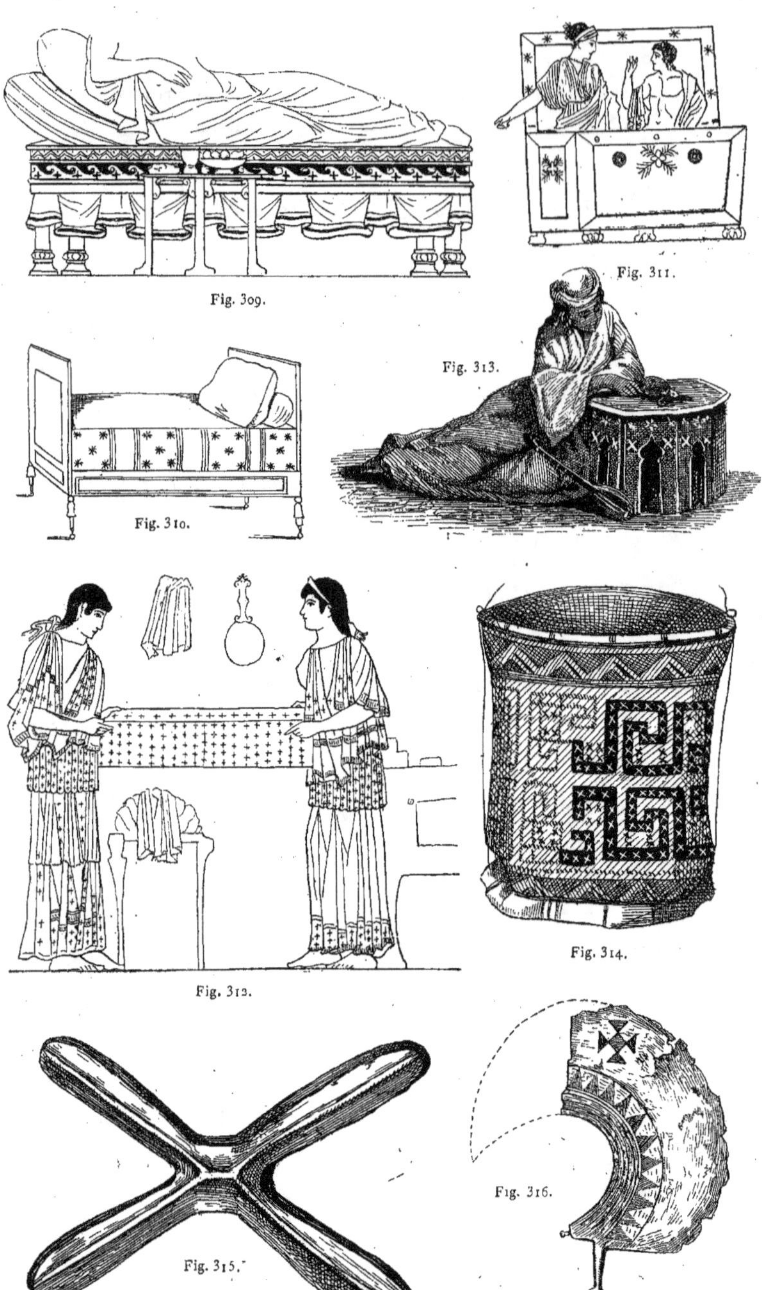

Fig. 309.

Fig. 311.

Fig. 313.

Fig. 310.

Fig. 312.

Fig. 314.

Fig. 315.

Fig. 316.

La croix signe de bénédiction (suite).

CROIX SUR LES POTERIES ET USTENSILES
DE MÉNAGE

FIGURE 317.

Bouteille en poterie ornée d'un swastika (Mortillet, *Musée préhistorique*, pl. xcix, fig. 1246)

FIGURE 318.

Vase à anse. Croix grecques gravées en creux sur la panse (Mortillet, pl. xcix, fig. 1242).

FIGURE 319.

Tasse à petites anses ou patère en poterie. Croix peinte sur le fond (Mortillet, pl. xcix, fig. 1245).

FIGURE 320.

Grande urne à une anse. Swastikas gravés en creux sur la panse (Mortillet, pl. xcix, fig. 1235).

FIGURE 321.

Grande écuelle en poterie. Sur le fond, croix cantonnée, formée par des faisceaux de quatre barres (Mortillet, pl. xc, fig. 1089).

FIGURES 322, 323, 324, 325 ET 326.

Dessous de vases en poterie, ornés de croix. Terramares du Parmesan (Mortillet, pl. xc, fig. 1091, 1092, 1093, 1094, 1095).

FIGURES 327 ET 328.

Anses de vases avec croix trouvés dans les ruines du palais de Salomon, à Jérusalem (Vigouroux, *la Bible et les découvertes modernes*, t. III, p. 463).

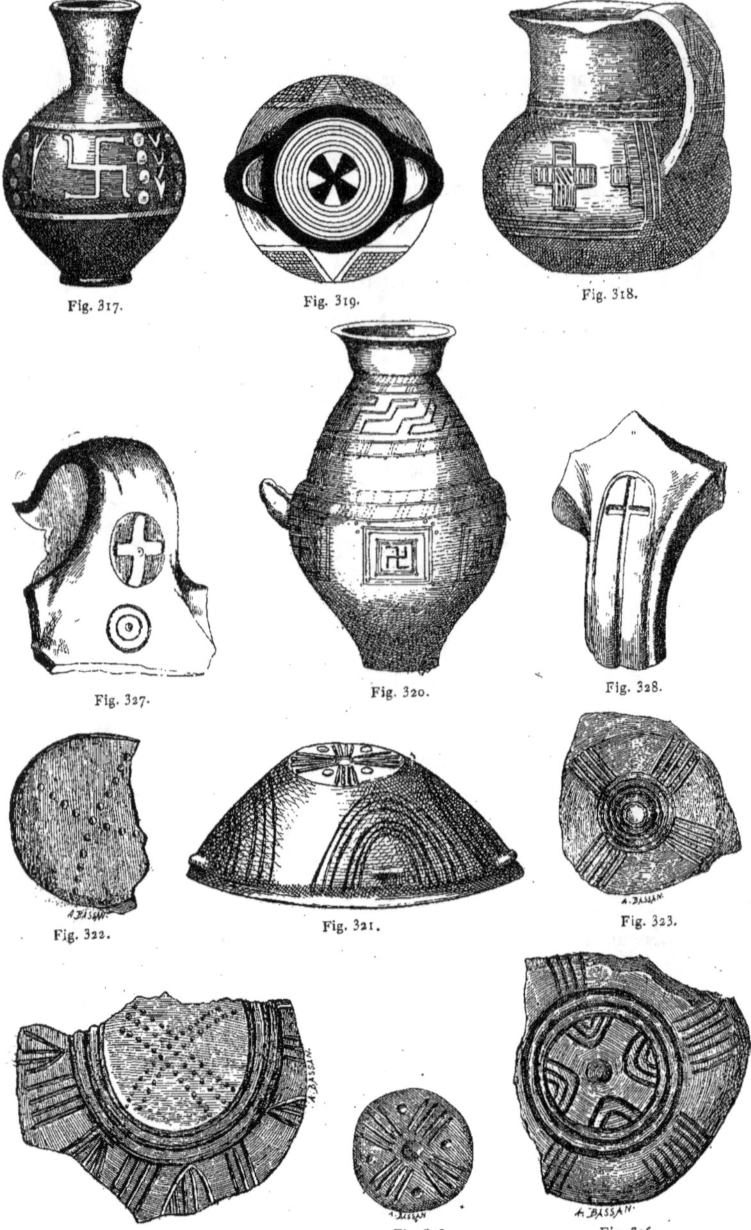

Fig. 317.

Fig. 319.

Fig. 318.

Fig. 327.

Fig. 320.

Fig. 328.

Fig. 322.

Fig. 321.

Fig. 323.

Fig. 324.

Fig. 325.

Fig. 326.

La croix signe de bénédiction (suite).

Croix sur les poteries et ustensiles de ménage (suite).

FIGURE 329.

Statuette représentant une sirène, les bras et les ailes en croix (revers). Plaque d'attache à un vase ou à un meuble (Assyrie) (Collection de M. de Vogüé).

FIGURE 330.

Fond d'un vase à boire. Swastikas reproduits cinq fois et disposés en croix (L. Muller, *la Croix gammée*, p. 16).

FIGURE 331.

Couvercle en terre cuite, perforé pour être fixé sur un vase. Quatre swastikas (Schliemann, *Troie,* p. 724).

FIGURE 332.

Coupe ou patère, avec croix à l'intérieur. Golasecca (Italie) (Mortillet, *Musée,* pl. xcix, 1237).

FIGURE 333.

Assiette en poterie, ornée à l'intérieur d'une grande et belle croix (Mortillet, *Musée,* pl. xc, fig. 1088).

FIGURE 334.

Vase sculpté sur les parois de la pagode d'Ongkor-Wat (Cambodge). Cinq cercles dessinant une croix (*Tour du monde,* 1863, 2ᵐᵉ sem., p. 307).

FIGURE 335.

Fabrication du vin. Deux rangs de croix dans la vinée (Champollion, *Égypte ancienne,* pl. 38).

Fig. 329.

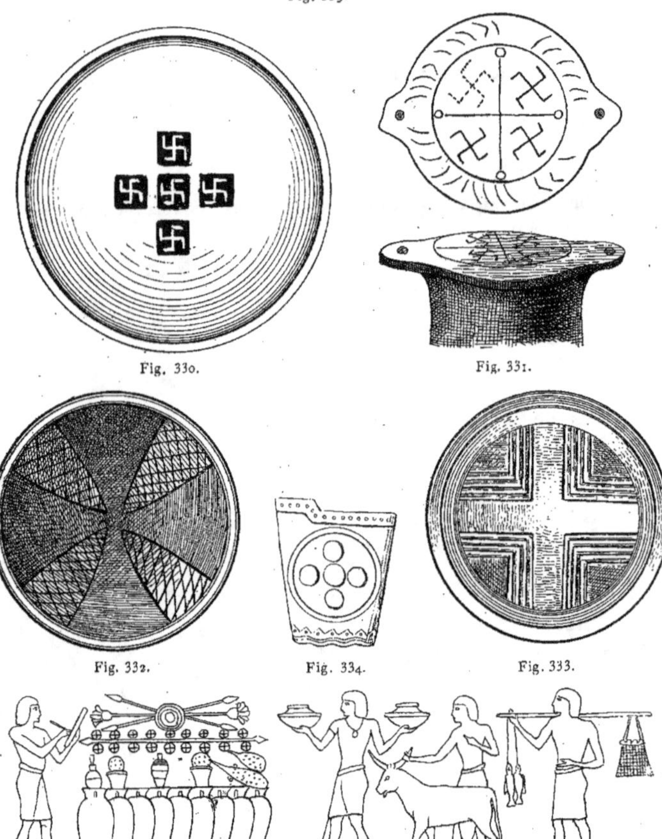

Fig. 330.

Fig. 331.

Fig. 332.

Fig. 334.

Fig. 333.

Fig. 335.

La croix signe de bénédiction (suite).

CROIX DANS LES PARURES

COLLIERS

FIGURE 336.

Collier royal. Croix de Malte (Assyrie) (Rawlinson, t. I, p. 489).

FIGURE 337.

Large collier égyptien en or repoussé. Un rang de croix grecques (Maspéro, *l'Archéologie égyptienne*, p. 309).

FIGURE 338.

Collier de dame égyptienne (1ʳᵉ dynastie). Croix ansées (Prisse d'Avennes, *l'Art égyptien*, p. 440).

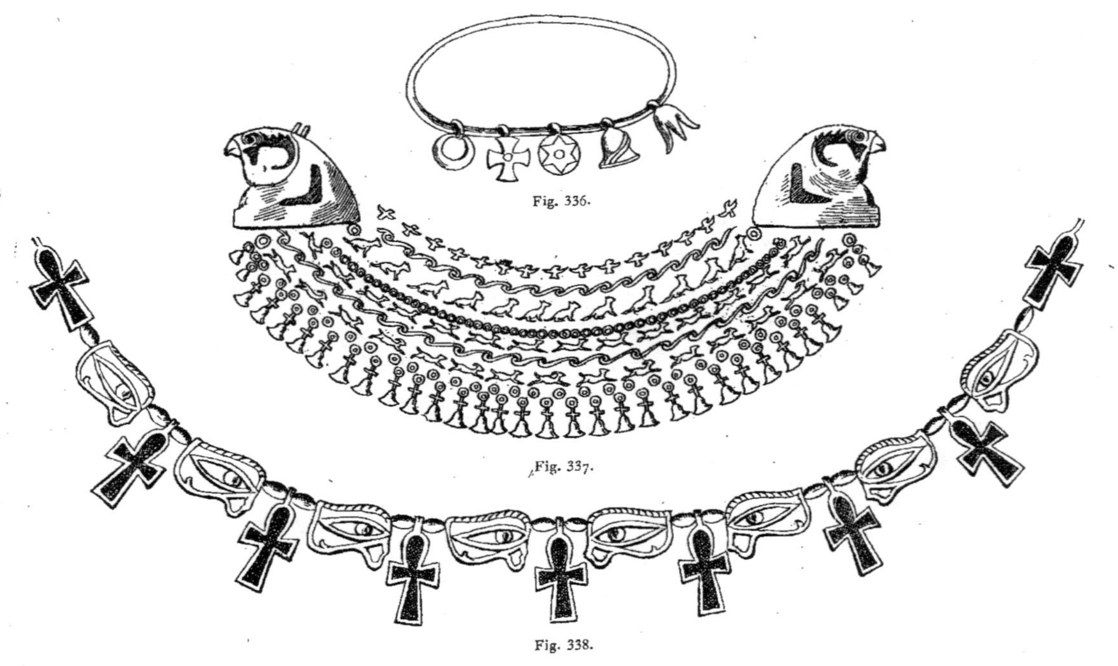

Fig. 336.

Fig. 337.

Fig. 338.

La croix signe de bénédiction (suite).

Croix dans les parures (suite).

MÉDAILLES ET BOUTONS ORNÉS

FIGURE 339.

Médaille en terre cuite de Troie (Fusaiole). Quatre croix (Schliemann, *Troie*, fig. 1856).

FIGURE 340.

Médaille en terre cuite de Troie. Swastika (Schliemann, *Troie*, fig. 1849).

FIGURE 341.

Médaille en terre cuite de Troie. Grande et large croix (Schliemann, *Troie*, fig. 1820).

FIGURE 342.

Bouton en jais. Large croix (Yorkshire) (Mortillet, *Musée*, pl. c, fig. 1253).

FIGURE 343.

Bouton en jais. Large croix (Yorkshire) (Mortillet, *Musée*, pl. c, fig. 1254).

FIGURE 344.

Bouton d'or. Large croix (Schliemann, *Mycènes*, p. 347).

FIGURE 345.

Bouton d'or. Large croix (Schliemann, *Mycènes*, p. 347).

FIGURE 346.

Bouton d'os recouvert de plaques d'or. Bordure de croix grecques et swastika au milieu (Schliemann, *Mycènes*, p. 343).

FIGURE 347.

Bouton d'os recouvert de plaques d'or. Deux croix grecques et swastika (Schliemann, *Mycènes*, p. 343).

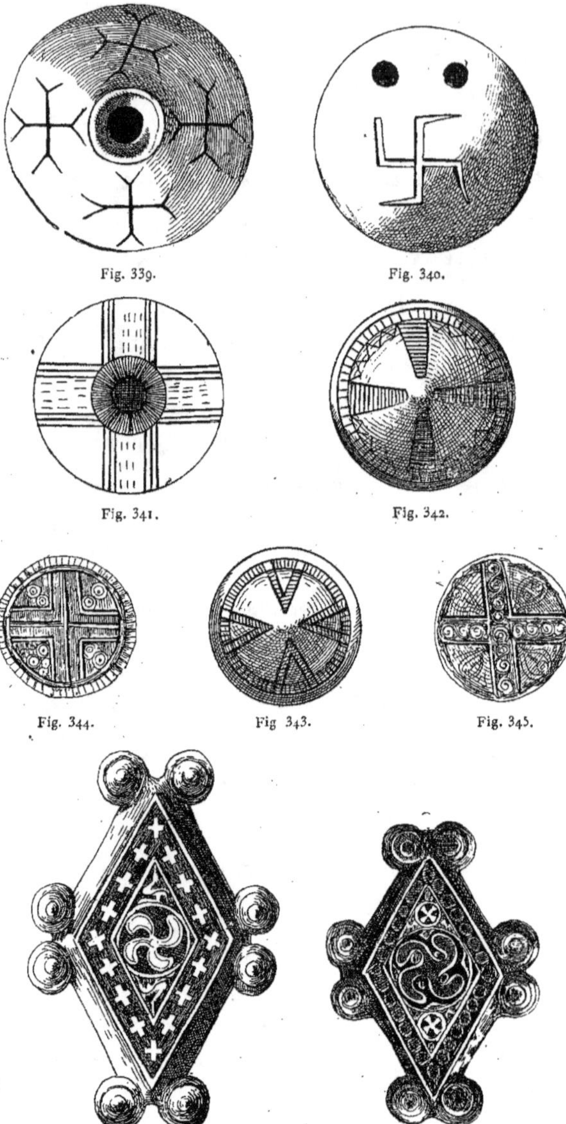

Fig. 339.

Fig. 340.

Fig. 341.

Fig. 342.

Fig. 344.

Fig 343.

Fig. 345.

Fig. 346.

Fig. 347.

La croix signe de bénédiction (suite).

La croix dans les parures (suite).

BRACELETS, PENDANTS D'OREILLES, AGRAFES, ÉPINGLES

FIGURE 348.

Bracelets avec croix ansée (Layard, *Monuments*, série I, pl. 41).

FIGURE 349.

Pendants d'oreilles en croix (Assyrie) (Gustave Lebon, *les Premières civilisations*, p. 608).

FIGURES 350 ET 351.

Cortège royal de Sargon. Assyriens avec pendants d'oreilles en croix. Bas-relief de Korsabad (Louvre).

FIGURE 352.

Pendants d'oreilles formés d'un large crochet qui se termine en bas par la partie inférieure de la croix ansée (Carthage). « Ces boucles d'oreilles en croix ansée se rencontrent à chaque instant dans les tombes de Tharros : c'était le type le plus courant et le plus commun » (Crespi, *Catalogo*, p. 143).

FIGURE 353.

Fibule en bronze. Grand swastika encadré (Grèce) (Mortillet, *Musée*, pl. c, fig. 1264).

FIGURE 354.

Fibule en bronze. Deux swastikas et deux croix de Malte (Italie) (Mortillet, *Musée*, etc., pl. c, fig. 1263).

FIGURE 355.

Agrafe ornée d'une belle croix grecque (Mortillet, *Musée*, pl. LXXXVI, fig. 997).

FIGURE 356.

Épingle, tête avec croix de Malte (Chantre, *Age du bronze*, pl. LX, fig. 20).

FIGURE 357.

Épingle avec croix inscrite dans un disque ajouré (Chantre, *Age du bronze*, pl. LX, fig. 16).

FIGURE 358.

Épingle ajourée à cercles concentriques, avec croix (Mortillet, *Musée*, pl. LXXXVIII, fig. 1050).

FIGURE 359.

Étui à aiguilles, marqué d'un swastika (Muller, *la Croix gammée*, p. 15, fig. 15).

FIGURE 360.

Moule à bijoux. Croix de Malte (Layard, *Discoveries*, p. 597).

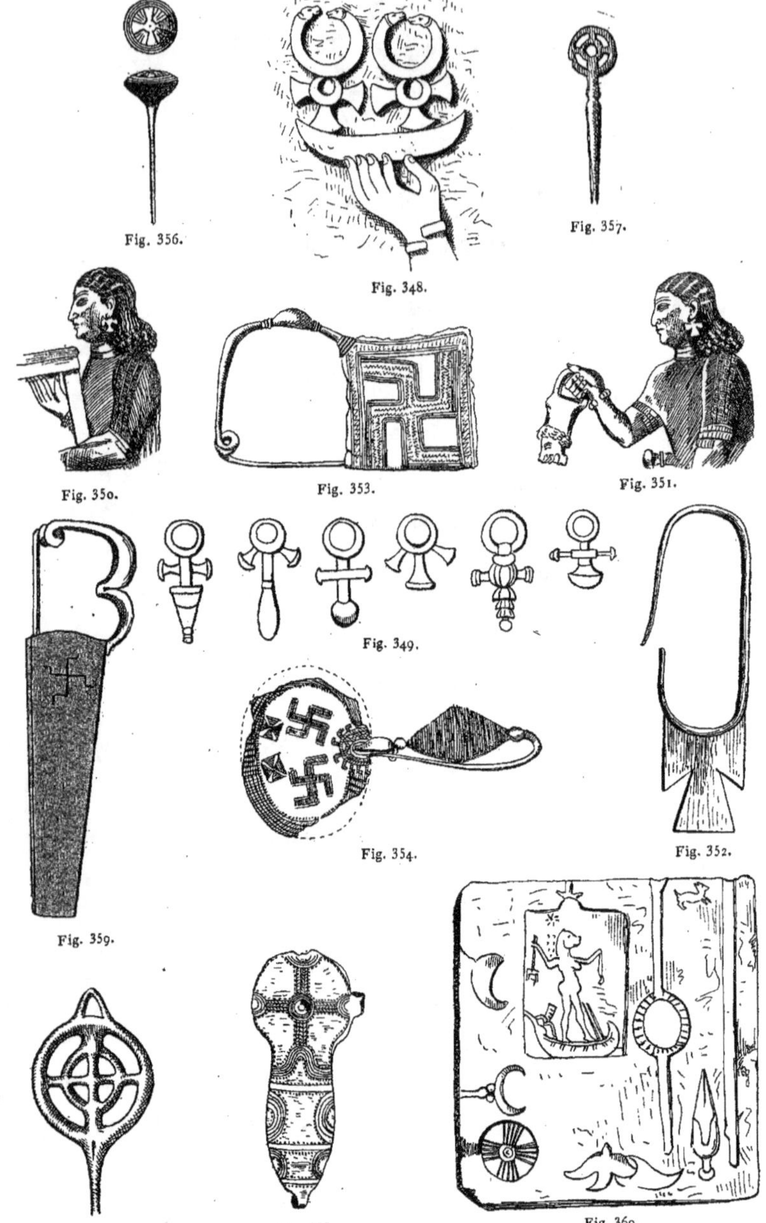

Fig. 356.

Fig. 348.

Fig. 357.

Fig. 350.

Fig. 353.

Fig. 351.

Fig. 349.

Fig. 354.

Fig. 352.

Fig. 359.

Fig. 358.

Fig. 355.

Fig. 360.

LIVRE III

LA CROIX ET LA VIE FUTURE

CHAPITRE PREMIER

LA CROIX DANS LES FUNÉRAILLES

LA CROIX AU CONVOI FUNÈBRE

FIGURE 361.

La Pesée ou le Jugement de l'âme (Perrot et Chipiez, *l'Art dans l'antiquité*. Égypte, p. 292).

FIGURE 362.

Couronnement de la dépouille mortelle d'Archémoros. Le lit funèbre parsemé de croix (*Vie antique*. La Grèce, p. 416).

FIGURE 363.

Le défunt porté sur un char. Trois croix gammées à la tête du cortège. Fragment d'un vase très archaïque, découvert à Athènes, au Dipylon ; d'après les *Monumenti dell' Instit. archéol.*, IX, tav. xxxix-xl).

Fig. 361.

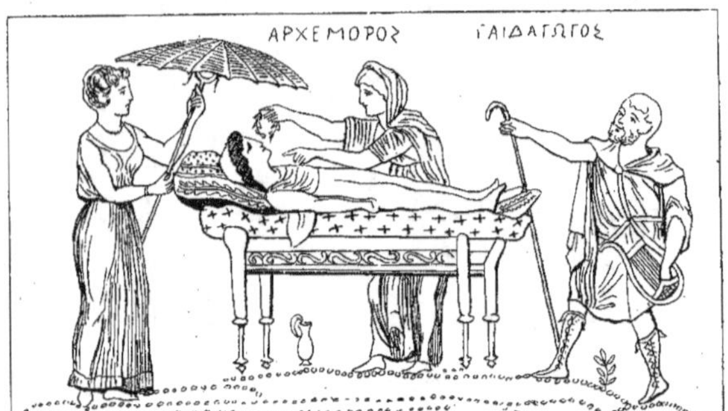

Fig. 362.

Fig. 363.

La croix dans les funérailles (suite).

La Croix au convoi funèbre (suite).

FIGURE 364.

Le défunt porté par des nécrophores. Le drap mortuaire, la robe des porteurs et celle d'une des pleureuses, sont marqués de croix (Peinture sur un vase de Vulci, de la collection de Luynes, au cabinet de France, n° 736).

FIGURE 365.

Crésus sur son bûcher; pavé marqué de plusieurs croix (Musée du Loùvre).

FIGURE 366.

Croix de Thessalie portant une inscription relative aux jeux funéraires (*la Croix païenne et chrétienne*, par Mourant Brock, p. 41).

FIGURES 367 ET 368.

Chapelles en croix où l'on célébrait le sacrifice funéraire (Maspéro, *l'Archéologie égyptienne*, p. 114).

FIGURE 369.

Cérémonie funèbre au Japon. Croix sur le catafalque (Humbert, *le Japon, Tour du monde*, 1866, 2ᵉ sem., p. 346).

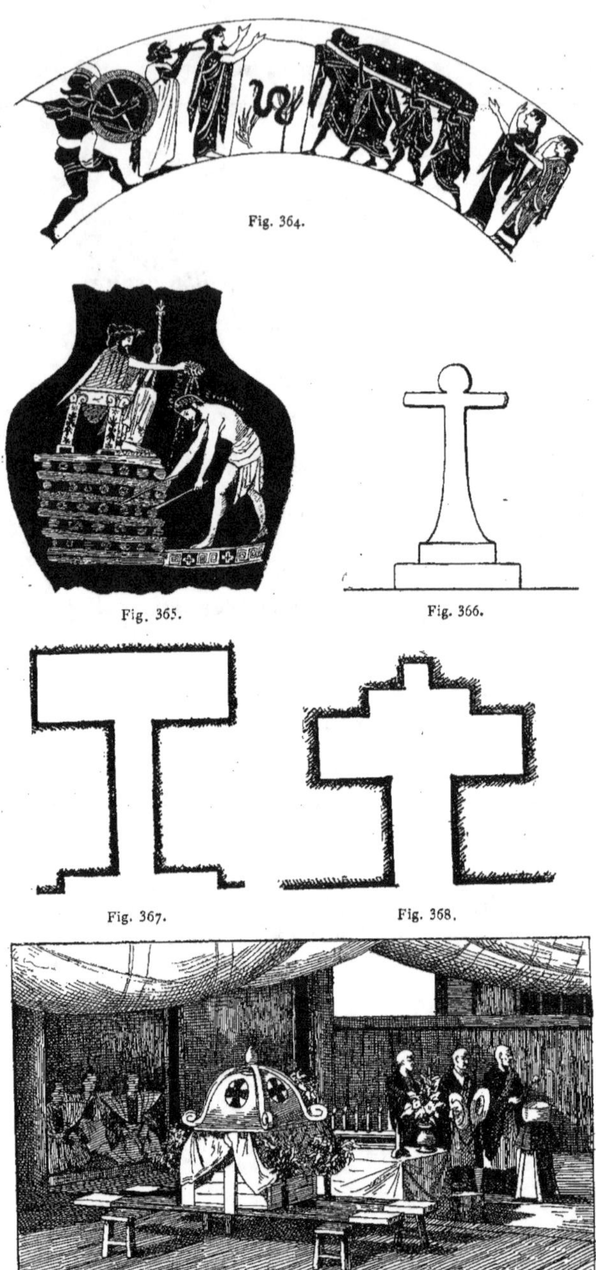

Fig. 364.

Fig. 365.

Fig. 366.

Fig. 367.

Fig. 368.

Fig. 369.

La croix dans les funérailles (suite).

LA CROIX ET L'APOTHÉOSE

FIGURE 370.

Autel de l'Apothéose à Rome. Croix grecque (Rich, *Dictionnaire*, au mot Consecratio).

FIGURE 371.

Apothéose d'Antonin et de Faustine. Le Génie de l'éternité, qui les emporte sur ses ailes, tient le globe marqué de croix (Daremberg et Saglio, au mot Apotheosis).

FIGURE 372.

Autel de l'Apothéose à Rome. Croix latine (Bosc, *Dictionnaire général de l'archéologie*, au mot Consecratio).

Fig. 370.

Fig. 371.

Fig. 372.

La croix dans les funérailles (suite).

LA CROIX ET LES OFFRANDES FUNÉRAIRES

FIGURE 373.

Femmes représentant les terres du défunt, qui apportent les dons funéraires. Pains marqués d'une croix (Perrot et Chipiez, *l'Art dans l'antiquité. Égypte*, p. 157).

FIGURE 374.

Canéphore auprès d'un tombeau. Croix sur sa robe (Daremberg et Saglio, *Dictionnaire*, au mot Canistrum).

FIGURE 375.

Canéphore portant des offrandes à un tombeau. Croix sur sa poitrine (Daremberg et Saglio, *Dictionnaire*, au mot Cingulum).

FIGURE 376.

Stèle grecque (Athènes) avec bordure de grecques et de croix (Collignon, *Archéologie orientale*, p. 306).

FIGURE 377.

Cortège funéraire et porteurs d'offrandes. Pain marqué d'une croix (Maspéro, *Archéologie égyptienne*, p. 147).

FIGURE 378.

Femme offrant des libations aux morts avec un vase surmonté d'une croix (Décoration d'une tasse d'argent (Grifi, *Monumenti di Cere antica*, pl. ix).

Fig. 373.

Fig. 374.

Fig. 375.

Fig. 376.

Fig. 377.

Fig. 378.

CHAPITRE II

LA CROIX SUR LE CORPS DU DÉFUNT

ET SUR LES OSSUAIRES

CROIX SUR LES MOMIES

FIGURES 379, 380 ET 381.

Trois cercueils de momies à forme humaine. La momie, les bras croisés sur la poitrine, tient de chaque main la croix ansée (Description de l'Égypte, *Antiquités*, Thèbes, Byban el Molouk, pl. LXXXI).

FIGURE 382.

Autre cercueil de momie (Maspero, *Archéologie égyptienne*, p. 275).

FIGURE 383.

Momie péruvienne. Croix grecque sur la poitrine (Nadaillac, *l'Amérique préhistorique*, p. 432).

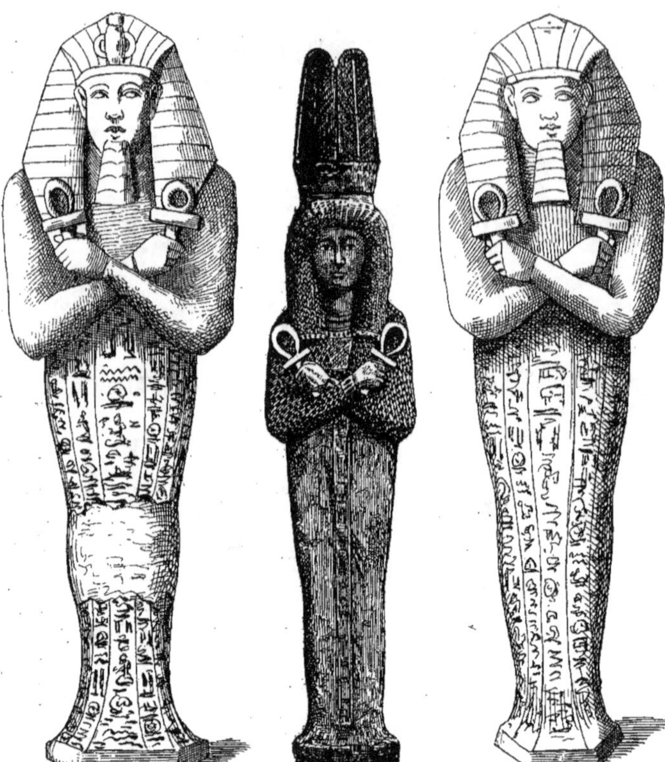

Fig. 379. Fig. 382. Fig. 380.

Fig. 383.

Fig. 381.

La croix sur le corps du défunt et sur les ossuaires
(Suite).

CROIX SUR LES CORPS INHUMÉS

FIGURE 384.

Boîte de momie. Guirlande de croix ansées à la base (Louvre, salle des monuments funéraires).

FIGURE 385.

Croix d'or trouvée sur un corps à Mycènes (troisième tombeau) (Schliemann, Croix d'or, *Mycènes,* p. 268).

FIGURE 386.

Croix de feuilles de laurier en or trouvée sur un corps à Mycènes (deuxième tombeau) (Schliemann, Croix d'or, *Mycènes,* p. 236).

FIGURE 387.

Ossuaire d'une tombe de Villanova. Deux rangs de croix grecques (Collection Gozzadini).

FIGURE 388.

Fragment d'un ossuaire de Villanova. Trois rangs de croix grecques (Collection Gozzadini).

FIGURE 389.

Ossuaire de Shropham, d'après Franks. Deux rangs de croix grecques et un rang de croix gammées (British Museum).

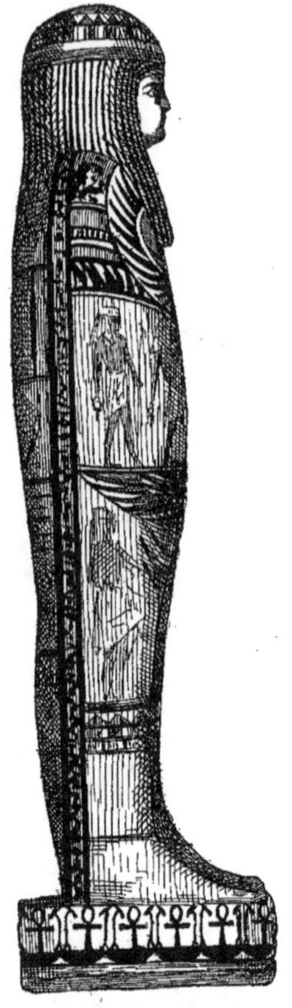

Fig. 384.

Fig. 385.

Fig. 386.

Fig. 387.

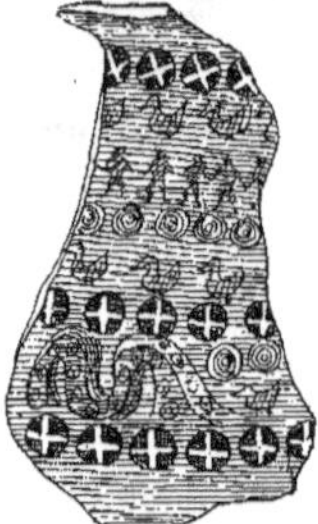

Fig. 388.

Fig. 389.

La croix sur le corps du défunt et sur les ossuaires
(Suite).

CROIX SUR LES VASES CINÉRAIRES

FIGURE 390.

Vase trouvé dans un tombeau égyptien. Sur la panse, une croix ansée ayant aux bras d'autres petites croix ansées (Maspéro, *Archéologie égyptienne*, p. 246).

FIGURE 391.

Vase trouvé récemment dans un ancien cimetière gallo-romain, à Artenay (Loiret). Croix sur le dessous.

FIGURE 392.

Vase avec croix gravée en creux sous la base. Tumulus de Bryn Seiont, Carnavonshire (Angleterre) (Mortillet, *Musée préhistorique*, pl. xcix, fig. 1243).

FIGURE 393.

Urne cinéraire en forme de cabane. Croix grecque et swastikas sur le toit (Martha, *l'Archéologie étrusque et romaine*, p. 15).

FIGURE 394.

Vase cinéraire de Golasecca. Croix sur le fond du vase (G. Mortillet, *le Signe de la croix avant le christianisme*, p. 112).

FIGURE 395.

Ossuaire de Golasecca. Croix sur le fond du vase (Mortillet, *le Signe de la croix*, etc., p. 108).

FIGURE 396.

Vase funéraire provenant d'un huaca du Pérou. Deux rangs de croix (Nadaillac, *l'Amérique préhistorique*, p. 443).

FIGURE 397.

Alcarazas des tumuli de l'Arkansas. Sur la panse, ossements en forme de croix (Nadaillac, *l'Amérique préhistorique*, p. 144).

Fig. 390.

Fig. 391.

Fig. 392.

Fig. 396.

Fig. 393.

Fig. 394.

Fig. 395.

Fig. 397.

35

La croix sur le corps du défunt et sur les ossuaires

(Suite).

CROIX SUR LES CYLINDRES

FIGURE 398.

Ossuaire d'une tombe de l'île de Crète. Deux rangs de croix (Orsi, *Urne funebri Cretesi*, pl. 1, fig. 2).

FIGURE 399.

Ossuaire des petits enfants à Cadix. Ossements en croix (Rich, *Dictionnaire des antiquités romaines et grecques*, au mot Subgrundarium).

FIGURE 400.

Cylindre en terre de Villanova.

FIGURES 401, 402, 403 ET 404.

Têtes de cylindres ornées de croix (Mortillet, *le Signe de la croix avant le christianisme*, p. 79).

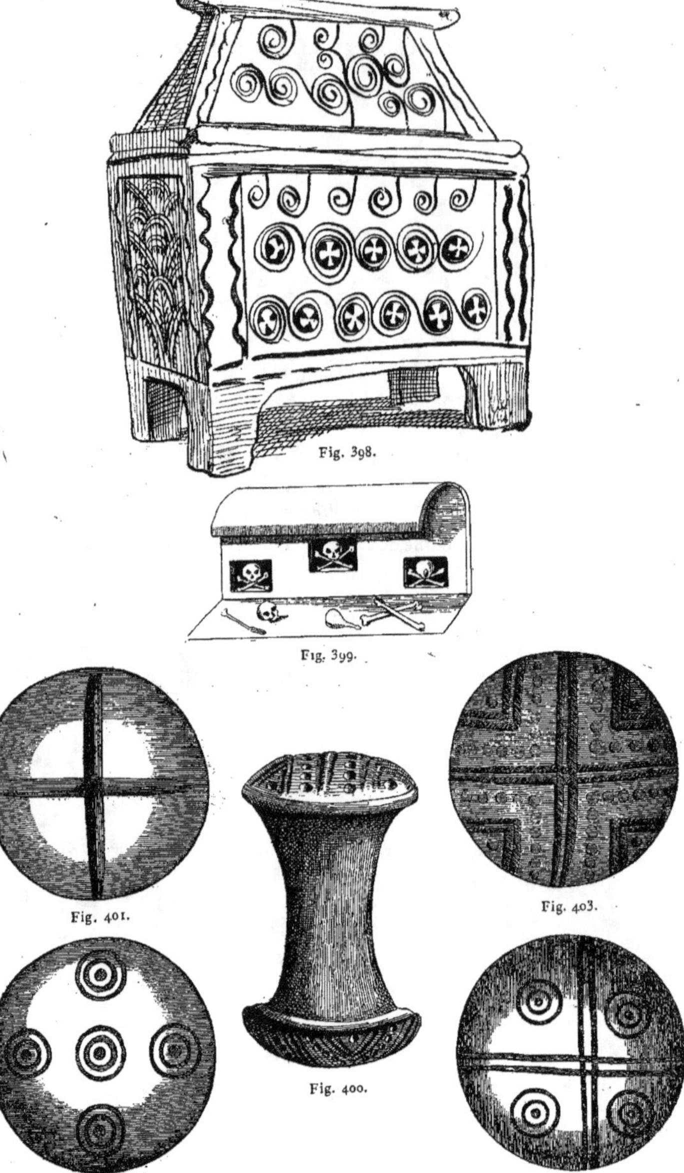

Fig. 398.

Fig. 399.

Fig. 401.

Fig. 403.

Fig. 400.

Fig. 402.

Fig. 404.

CHAPITRE III

LA CROIX ET LES TOMBEAUX

LES TOMBEAUX EN CROIX

FIGURE 405.

Les Pyramides.

FIGURE 406.

Plan en croix des salles sépulcrales de la pyramide d'Ounas (Maspéro, *l'Archéologie égyptienne*, p. 133).

FIGURE 407.

Plan en croix d'un tombeau royal égyptien (Champollion, *Égypte ancienne*, pl. LXX).

Fig. 405.

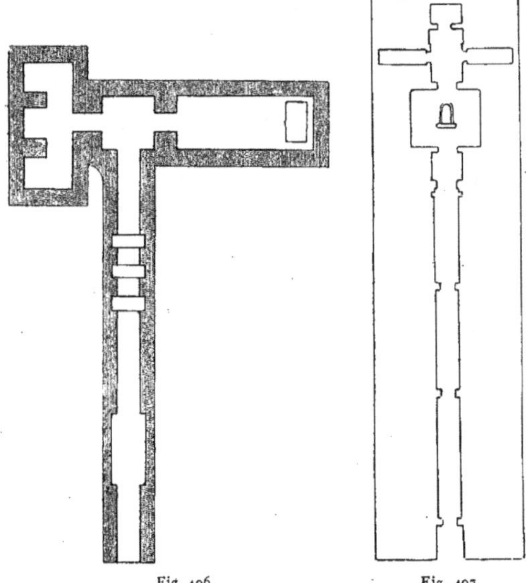

Fig. 406.   Fig. 407.

La croix et les tombeaux (suite).

Les tombeaux en croix (suite).

FIGURE 408.

Monument de Callernish (île de Lewis). Croix de rochers avec un tombeau en forme de croix (Fergusson, *Monuments mégalithiques*, p. 273).

FIGURE 409.

Cairn de Lough-Crew (Irlande). Tombeau en croix (Fergusson, *Monuments*, p. 227).

FIGURE 410.

Chambres en croix du tumulus de Drowth (Irlande) (Fergusson, *Monuments*, etc., p. 221).

FIGURE 411.

Plan en croix de Maes-Howe (Écosse) (Fergusson, *Monuments*, etc., p. 260).

FIGURE 412.

Plan du tumulus de New-Grange, près de Drogheda (Irlande). Tombeau en croix (Fergusson, *Monuments*, etc.; p. 214).

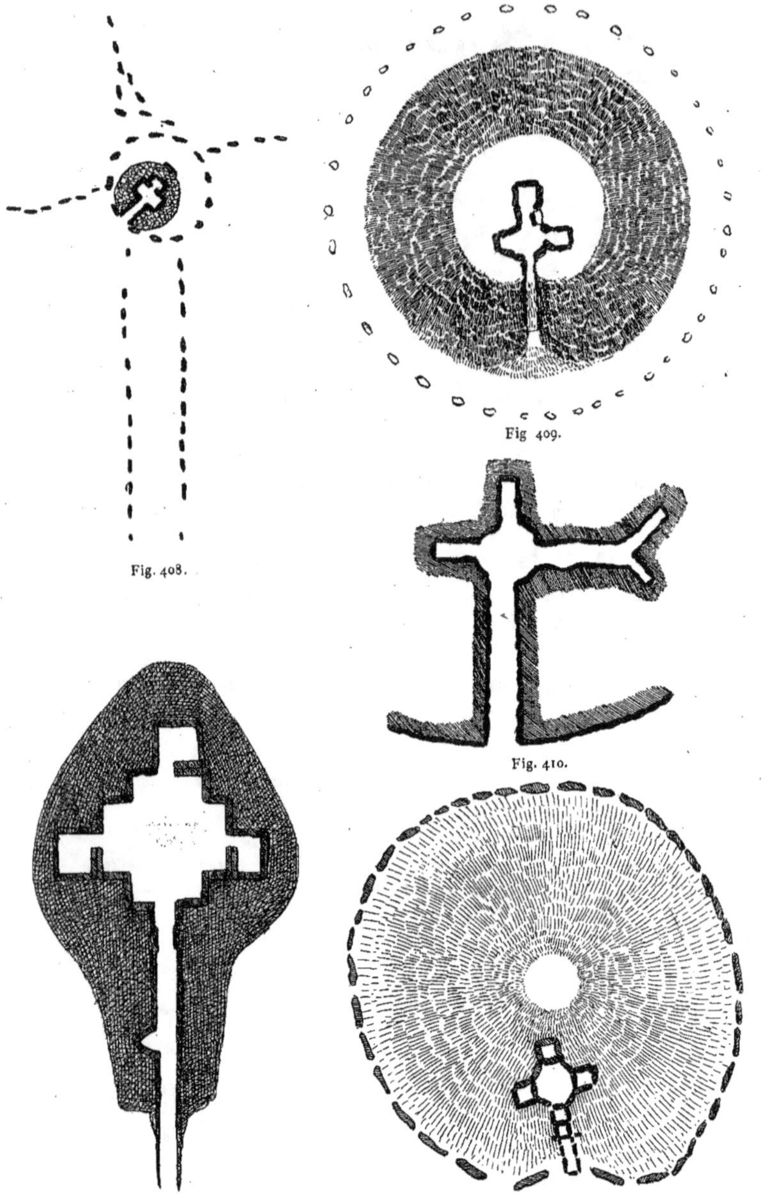

Fig. 408.

Fig 409.

Fig. 410.

Fig. 411

Fig. 412.

La croix et les tombeaux (suite).

Les tombeaux en croix (suite).

FIGURE 413.

Dolmen d'Axevalla (Suède). Croix en tau (Fergusson, *Monuments*, etc.,
p. 327).

FIGURE 414.

Tumulus de Pornic (Loire-Inférieure). Tombeau en croix (Mortillet,
Musée, pl. LVIII, p. 570).

FIGURE 415.

Nécropole d'Amrith (Phénicie). Tombeaux en croix (Renan, *Mission*, pl. VII).

FIGURE 416.

Nourage de Zuri en Sardaigne. Plan en forme de croix (Perrot et
Chipiez, *Sardaigne*, p. 27).

FIGURE 417.

Tombeau des Horaces et des Curiaces. Cinq pyramides formant une
croix (Trawinski, *Vie antique*, Rome, p. 129).

FIGURE 418.

Tombeau mexicain en croix. Antiquités mexicaines (*Relation du
capitaine Dupaix*, deuxième expédition, illustrée par Parabère, pl. XVIII).

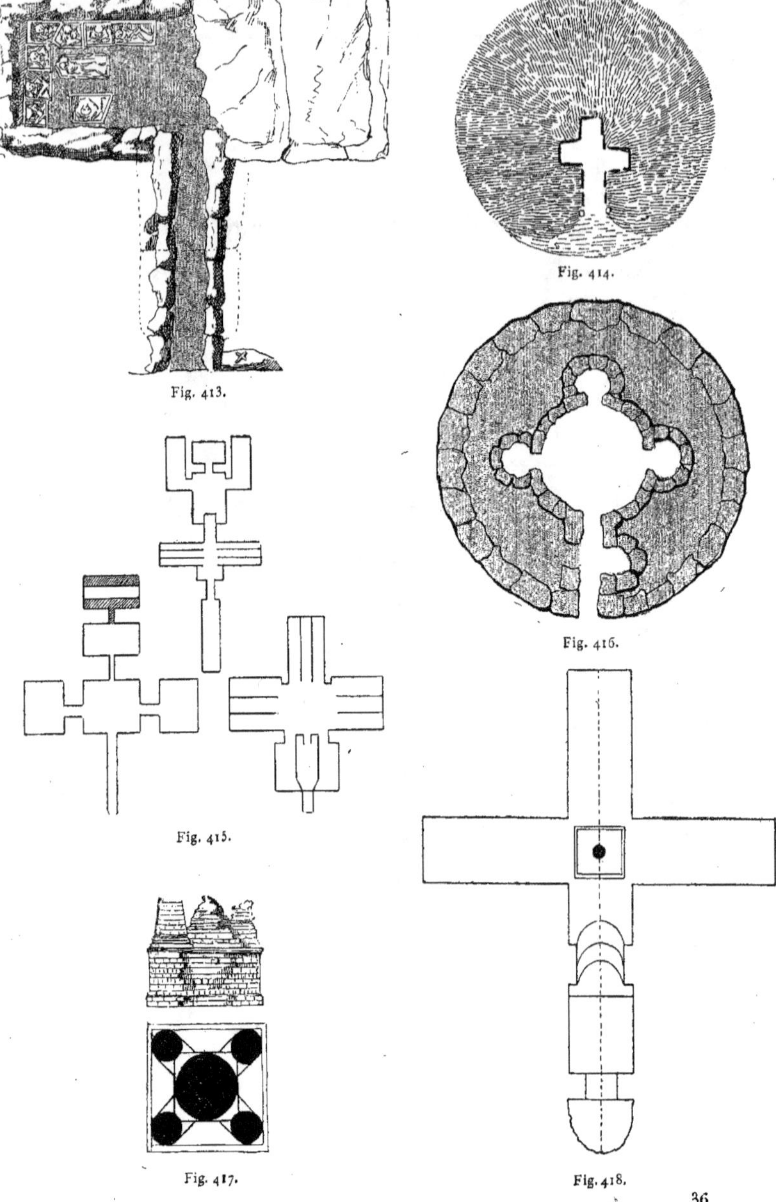

Fig. 413.

Fig. 414.

Fig. 415.

Fig. 416.

Fig. 417.

Fig. 418.

36

La croix et les tombeaux (suite).

CROIX SUR LA FAÇADE DES TOMBEAUX

FIGURE 419.

Tombe de Moughéir (Our), Chaldée. Au sommet, deux croix (Perrot et Chipiez, *l'Art dans l'antiquité*, Chaldée, p. 372).

FIGURE 420.

Sarcophage à Antiphellos (Lycie). Croix au sommet de la façade (Texier, *Description de l'Asie Mineure*, pl. cci).

FIGURE 421.

Tombe de la nécropole d'Ayazinn. Croix grecques sur la façade (Ramsay, *The rock necropoleis of Phrygia. Journal of Hellenic studies*, 1882, pl. xxi).

FIGURE 422.

Tombeau de Midas (Phrygie). Façade couverte de croix grecques (Perrot et Chipiez, *Phrygie*, p. 83).

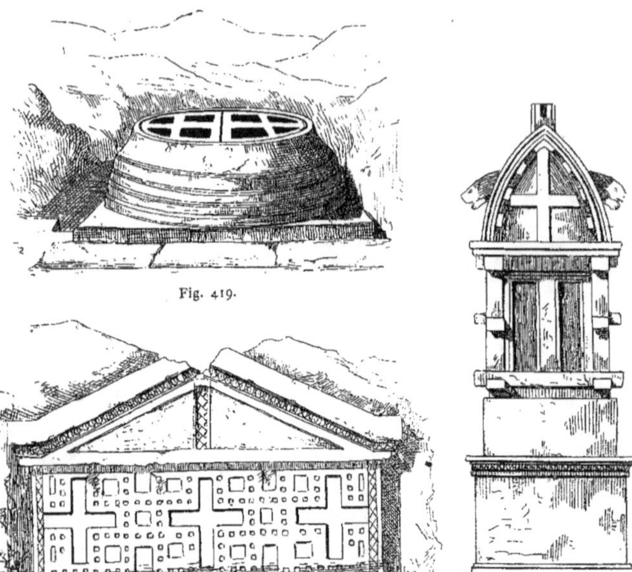

Fig. 419.

Fig. 420.

Fig. 421.

Fig. 422.

La croix et les tombeaux (suite).

Croix sur la façade des tombeaux (suite).

FIGURE 423.

Tombes royales des Achéménides, en forme de croix grecques, à Nakch-i-Roustem (Persépolis) (Flandin et Coste, *Perse ancienne*, pl. LXIII).

FIGURE 424.

Tombe de Darius, roi de Perse, en croix grecque (Dieulafoy, *l'Art antique de la Perse*, I, pl. x).

Fig. 423.

Fig. 424.

La croix et les tombeaux (suite).

CROIX SUR LA PIERRE DES TOMBEAUX

FIGURE 425.

Fragment d'un couvercle de sarcophage attribué au roi David, à Qbour-el-Molouk, près de Jérusalem (De Saulcy, *Voyage autour de la mer Morte*, Atlas, p. xxxii).

FIGURE 426.

Columbarium des affranchis de l'impératrice Livie. Façade ornée de croix de Malte (Daremberg et Saglio, *Dictionnaire*, au mot Columbarium).

FIGURE 427.

Pierre du tombeau de Daniel, à Suze. Double croix grecque (Ker-Porter, *Travels in Georgia, Persia, Armenia*, vol. II, Tomb of Daniel, p. 415).

FIGURE 428.

Pierre d'un tombeau à Délos. Deux croix grecques (Trawinski, *Vie antique*, Grèce, p. 131).

FIGURE 429.

Pierre sépulcrale de Numidie. Deux swastikas et une croix grecque (L. Muller, *Du signe appelé la Croix gammée*, p. 18).

Fig. 425.

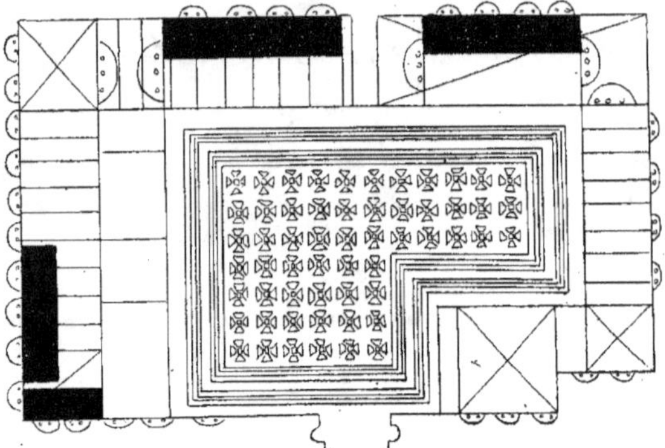

Fig. 426.

Fig. 427.

Fig. 428.

Fig. 429.

La croix et les tombeaux (suite).

CROIX DANS L'ORNEMENTATION INTÉRIEURE
DES TOMBEAUX

FIGURE 430.

Ornementation intérieure d'une tombe étrusque : croix grecques (Charles Garnier, *Habitation humaine*, p. 276).

FIGURE 431.

Ornementation intérieure d'un tombeau étrusque : croix dans un cercle (Charles Garnier, *Habitation humaine*, p. 276).

FIGURE 432.

Clou trouvé dans un tombeau. Dix-huit croix grecques (Daremberg et Saglio, *Dictionnaire*, au mot Clavus).

FIGURE 433.

Tête de clou avec double croix, trouvée dans une tombe de Villanova (Mortillet, *le Signe de la croix avant le christianisme*, p. 165).

FIGURE 434.

Figurine votive trouvée dans un tombeau étrusque. Robe ornée de huit rangs de croix (Daremberg et Saglio, *Dictionnaire*, au mot Etrusci).

FIGURE 435.

Ornement en cuivre surmonté d'une croix, trouvé dans un tombeau, à Zolicoffer Hill (Tennessee, Amérique centrale) (Marquis de Nadaillac, *l'Amérique préhistorique*, p. 176).

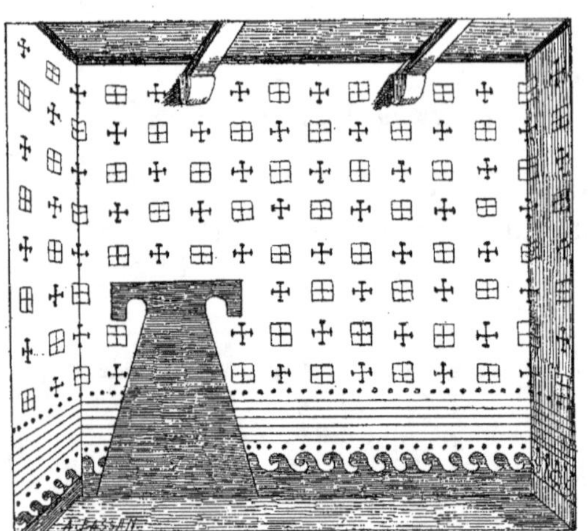

Fig. 430.

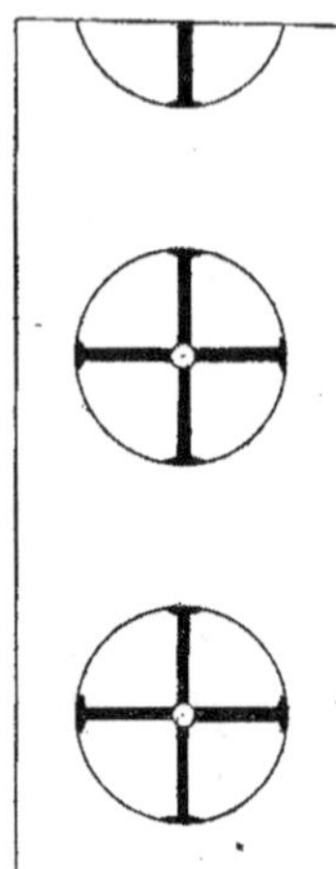

Fig. 431.

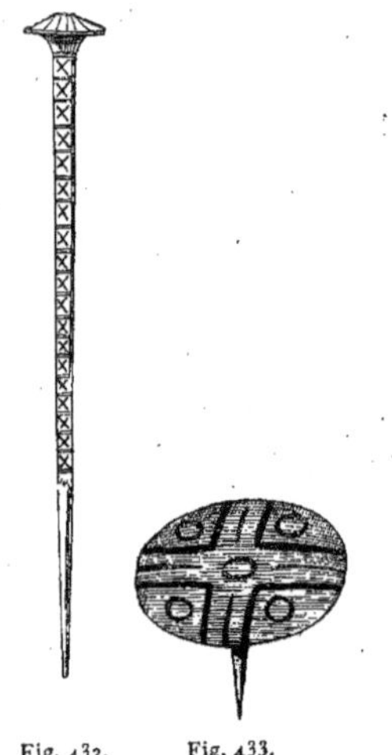

Fig. 432.   Fig. 433.   Fig. 434.   Fig. 435.

37

La croix et les tombeaux (suite).

LA CROIX ET LES DOLMENS

FIGURE 436.

Dolmen.

FIGURE 437.

Pierre latérale du cist d'Aspatria (Angleterre). Plusieurs croix grecques (Fergusson, *Monuments mégalithiques*, p. 168).

FIGURE 438.

Croix à Katapour (Hindoustan) : croix chrétienne, d'après Fergusson, et préchrétienne, selon la *Revue d'Edimbourg*, janvier 1870.

FIGURE 439.

Dolmen avec croix, à Katapour : croix chrétienne, d'après Fergusson, et préchrétienne, selon la *Revue d'Edimbourg*.

Fig. 436.

Fig. 438.

Fig. 437.

Fig. 439.

CHAPITRE IV

LA CROIX ET LA RÉSURRECTION DES CORPS

CROYANCE A LA RÉSURRECTION

FIGURE 440.

Le sphinx, symbole de la résurrection.

« Le grand Sphinx, image d'Armachis ou du soleil levant, éternel gardien du vaste cimetière qui entoure les Pyramides, personnifiait, au milieu de tous ces morts, l'idée de la résurrection » (Perrot et Chipiez, *l'Art*, etc., l'Égypte, les Pyramides, p. 243).

FIGURE 441.

Charrues égyptiennes dans les mains des figurines dites Ouschabtiou (Musée du Louvre).

« Ces figurines déposées dans les cercueils ont toutes l'aspect de la momie elle-même ; elles en sont comme la représentation directe. Leurs mains croisées sur la poitrine tiennent des instruments d'agriculture, hoyaux, sarcloirs, herminettes, etc., pour cultiver les terres célestes d'Osiris. Un sac, destiné à contenir des graines, pend sur leur épaule » (Du Cleuziou, *la Création de l'Homme*, p. 563).

FIGURE 442.

Charrues primitives, symboles de la résurrection.

« *Sub ascia dedicavit*. L'*ascia* des sépulcres n'est ni une hache, ni une doloire, ni une scie, ni une gâche, mais une marre ou une houe et vient de ἄσχω ou ἀσχὲω, travailler, cultiver » (Dom Martin, *la Religion des Gaulois*, t. II, p. 245).

« Le blé, dit Michelet, dans ses naissances et ses renaissances éternelles, enseigne la résurrection. » — « La charrue, cause première (?) de la renaissance du blé, est devenue le symbole de la résurrection » (H. du Cleuziou, *la Création de l'Homme*, p. 562).

Fig. 440.

Fig. 441.

Fig. 442.

La croix et la résurrection (suite).

LA CROIX, INSTRUMENT DE LA RÉSURRECTION

FIGURE 443.

Sur une stèle carthaginoise dressée en l'honneur de *Tanit face de Baal*, une croix ansée et une grenade, symboles de la résurrection. « Il est probable que la grenade avait un sens symbolique : les nombreux pépins qu'elle renferme étaient l'emblème de la vie et de sa puissance de renouvellement »(Perrot et Chipiez, *l'Art dans l'Antiquité*. La Judée, p. 321).

FIGURE 444.

A côté d'un lion, symbole du Nil, qui porte la momie d'Osiris, type de toutes les momies humaines attendant la résurrection, Anubis couvre la momie ou plutôt la couve de ses bras étendus en croix (Guignault, *Religions de l'antiquité*, t. IV, pl. 52).

FIGURE 445.

Voici comment la vignette du chapitre LXXXIX du *Livre des Morts* figure la réunion de l'âme avec le corps. « L'âme, sous la forme d'un oiseau à tête humaine, plane au-dessus de la momie étendue sur le lit funèbre et lui applique, vers la région du cœur, le signe de vie, représenté par l'hiéroglyphe improprement appelé *la croix ansée*. Il ne s'agit point de la vie divine, mais de la vie humaine dans ses conditions habituelles. Telle est la seule signification de l'hiéroglyphe en question, qui n'exprime la vie divine, la vie pure, la vie forte, etc., qu'au moyen de l'adjonction des adjectifs nécessaires. L'âme rentre au corps, le défunt reprend toutes les fonctions de la vie matérielle » (Chabas, *Scène mystique peinte sur un sarcophage égyptien. Revue archéologique*, 1862.)

Fig. 443.

Fig. 444.

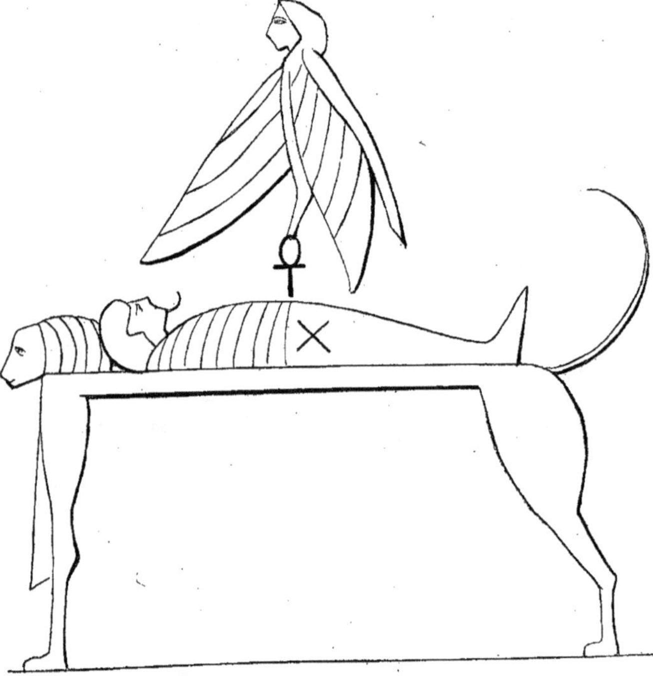

Eig. 445.

CHAPITRE V

LA CROIX DANS LE ROYAUME D'HADÈS

(LE TARTARE ET LES CHAMPS ÉLYSÉES)

FIGURE 446.

Cette gravure (d'après un vase de Canosa) représente à la partie inférieure le supplice de quelques damnés célèbres : Sisyphe qui soulève son
rocher et dont une Furie active les efforts; le roi de Phrygie, Tantale,
cherchant à saisir des fruits qui fuient toujours sa main. On y voit aussi
Mercure, le conducteur des âmes; Hercule enchaînant Cerbère et qu'une
Furie essaye de repousser avec ses torches.

A la partie supérieure, à droite, les trois juges des enfers, et, au-dessus
d'eux, peut-être Thésée et son ami Pirithoüs, délivrés de leur captivité
dans le Tartare, et protégés par Minerve (?), contrairement à la tradition
qui condamne Thésée à une peine éternelle.

> Sedet æternumque sedebit
> Infelix Theseus.

A gauche, Orphée jouant de la lyre et deux groupes difficiles à expliquer. Les deux jeunes gens qui ont une étoile au-dessus de la tête
sont-ils les Dioscures près de leur mère Léda, devenue elle aussi une divinité? Et le groupe inférieur est-il, par opposition aux damnés d'en bas,
une famille de bienheureux gagnant, au travers du royaume d'Hadès,
les champs Élyséens?

Au milieu, au sommet, dans un temple magnifique où trône Dionysos
Chthonios, le roi des enfers, à qui Cérès est venue demander Proserpine
qu'elle a cherchée par toute la terre avec un flambeau allumé, on remarque, dominant tout ce tableau des peines et des récompenses éternelles,
deux croix (Voy. Millin, *les Tombeaux de Canosa*, p. 5-23, in-fol. Cf.
V. Duruy, *Histoire des Romains*, t. V, p. 318-321).

Fig. 446.

PLAN SOMMAIRE

DE L'OUVRAGE EN PRÉPARATION

LIVRE PREMIER

LA CROIX ET LA DIVINITÉ

LIVRE II

LA CROIX, SIGNE DE VIE, DE SALUT

DE BÉNÉDICTION

LIVRE III

LA CROIX ET LA VIE FUTURE

CONCLUSION

Unité de la race humaine. Unité de la religion. Divinité du christianisme.

FIN